성장에 익숙한 삶과 결별하라

성장에 익숙한 삶과 결별하라

초판 1쇄 인쇄 2015년 11월 25일
초판 3쇄 발행 2016년 8월 18일

지은이 우경임, 이경주 **펴낸이** 김종길 **펴낸 곳** 글담출판사

책임편집 임현주
편집 임현주, 이경숙, 이은지, 박성연, 김보라, 안아람 **디자인** 정현주, 박경은
마케팅 박용철, 임우열 **홍보** 윤수연 **관리** 김유리

출판등록 1998년 12월 30일 제2013-000314호
주소 (121-840) 서울시 마포구 양화로 12길 8-6(서교동) 대륭빌딩 4층
전화 (02)998-7030 **팩스** (02)998-7924
이메일 geuldam4u@naver.com **페이스북** www.facebook.com/geuldam4u
블로그 http://blog.naver.com/geuldam4u

ISBN 979-11-952708-8-0 13320
책값은 뒤표지에 있습니다.
잘못된 책은 바꾸어 드립니다.

이 도서의 국립중앙도서관 출판시도서목록(CIP)은 e-CIP홈페이지(http://www.nl.go.kr/ecip)와 국
가자료공동목록시스템(http://www.nl.go.kr/kolisnet)에서 이용하실 수 있습니다. (CIP 제어번호 :
2015031168)

성장에 익숙한 삶과 결별하라

저성장 시대, 성공지향의 삶에서 벗어나 행복하게 사는 법

| 우경임·이경주 지음 |

나
아날로그

삶의 진정한 알맹이는 필요를 확장하는 것이 아니라
그것을 신중하고 자발적으로 포기하는 데 달려 있다.

간디

CONTENTS

1장 저성장은 우리의 삶을 어떻게 바꿀까?
: 저성장 시대를 인정하다

2장 저성장 시대 생존법 심플 라이프
: 저성장 시대를 읽다

3장 삶의 전환 프로젝트 1년 보고서
: 저성장 시대를 살다

고도성장에 맞춰져 있는 가치관을
저성장 시대에 맞게 바꿔야 할 타이밍

일한다. 월급을 받는다. 때가 되면 빚을 내 집을 장만하고 차를 바꾼다. 가족 구성원 수대로 휴대전화와 태블릿 PC가 있고 방마다 텔레비전이 있다. 필요한 물건이 있으면 통장 잔고를 고민하기보다는 신용카드 혜택을 확인하고 가장 혜택이 큰 신용카드로 구매한다.

주변에서 흔히 볼 수 있는 우리 시대 삶의 풍경이자 소비의 풍경이다. 이런 소비는 우리나라 경제가 압축 성장했기 때문에 가능했다. 1980년 한국인 1인당 GDP는 1688달러였지만 2014년에는 2만 8338달러다. 고작 30여 년이 지났는데 약 17배로 늘었다. 하지만 우리는 17배 더 행복해졌을까?

우리 부부의 삶도 위의 모습과 크게 다르지 않다. 우리 부부는 물질적 풍요 속에서 자란 X세대다. 1996년에 대학에 입학해 경제성장의 막차를 탈 수 있는 행운을 누렸다. 열심히 공부하면 좋은 직장에 취직할 수 있고, 좋은 직장에 취직하면 행복하게 살 수 있다고 배웠다. 그렇게 믿고 노력해서 2003년 사회생활을 시작했다. 열심히 일하면 월급도 오르고 승진도 할 수 있다는 믿음으로 달리고 또 달렸다. 내 집 마련은 필수라고 해서 대출 받아 집도 샀다.

그런데 어느 순간 힘이 들어 달리기를 멈추려고 하자 다리가 휘청거렸다. 천천히 걸어보려 했지만 마음대로 되지 않고 자꾸 걸음이 빨라졌다. 걸음이 빨라질수록 불안감도 커졌다.

…

저성장 시대는 우리의 삶에 어떤 영향을 미칠까?

취재를 하면서 우리는 불안감의 원인을 저성장 시대에서 찾을 수 있었다. 지난 60년간 우리나라 경제는 눈부시게 발전했다. 어려서부터 경제성장을 보고 자란 30~40대들의 가치관은 고도성장 시대에 맞춰져 있다. 그런데 2011년부터 우리나라 연평균 경제성장률이 곤두박질치기 시작했다. 우리 사회가 저성장 시대로 접어든 것이다.

성장이 멈추자 '열심히 공부하면 좋은 직장에 취직할 수 있어!' '열심히 일하면 승진할 수 있을 거야!'라는 믿음이 흔들리기 시작했다. 열심히 공부해도 좋은 직장에 취업하지 못하는 젊은이들을 보면서, 열심히 일해도 승진하지 못하고 회사를 떠나야 하는 현실을 목격하면서 '그럼 어떻게 살아야 하는가!'라는 질문에 다다르게 된 것이다. 이 책은 바로 이에 대한 해답을 찾기 위한 노력의 산물이다. 해답을 찾기 위해 우리 부부는 저성장 시대가 개인의 삶에 어떤 영향을 미칠지, 우리보다 먼저 저성장을 경험한 나라들은 어떤 선택을 했는지 살펴봤다. 그 결과 성장에 익숙한 삶에서 벗어나야 한다는 생각을 하게 되었고, 그 방법으로 선택한 것이 '단순한 삶'이다.

'간소한 삶' '단순한 삶'이란 무엇일까? 우리가 떠올린 것은 성취에 모든 가치를 두지 않으며, 이웃과 자연과 공존하고, 번잡한 일상을 단순하게 만드는 것 등이다. 삶을 간소화하기 위해 우리는 2013년 9월부터 1년간 차를 없애고 소비를 줄이고, '남들은 어떻게 사나?'와 같이 생각을 복잡하게 만드는 번뇌의 씨앗들을 정리하려고 노력했다.

그렇다고 성직자와 같은 삶을 갈구하는 것은 아니었다. 조금 불편하되 조금 더 행복한 삶을 전제로 잘 사는 방법을 고민하고 실천하려 했다. 지금의 삶을 떠날 용기는 없으므로 행복한 범인으로 사는 방법을 찾고자 한 것이다.

이 책은 3장으로 이루어져 있다. 1장은 저성장 시대로 접어든 우리 사회의 변화를 설명하고 2장은 세계적으로 부는 심플 라이프의 열풍에 대해 정리했으며 3장은 성장에 익숙한 생활습관과 가치관을 바꾸기 위한 우리 부부의 노력이 담겨 있다.

...

삶은 지속적인 관리가 필요하다

단순한 삶은 우리 스스로 행복하고자 한 실험이었다. 큰 고통 없이 삶의 패러다임을 바꾸기 위한 탈출구였다. 실험이 끝나고 다시 예전으로 돌아간 부분도 있고, 여전히 지키는 부분도 있다.

실험을 통해 우리는 단순한 삶, 가벼운 삶은 저절로 이루어지는 것이 아니며 삶은 지속적인 관리가 필요하다는 사실을 실감했다. 고도성장 시대에는 성공을 위해 질주하면서 자기를 관리하는 것이 필요했다. 그와 마찬가지로 저성장 시대에는 성공보다는 성숙, 성취보다는 행복을 위해 속도를 조절하면서 가치관을 재정립하고 마음을 관리하는 것이 필요하다. 이 글을 읽고 우리 부부의 생각에 공감하는 이들이 있다면 더할 나위 없이 기쁠 것이다.

2015년 11월 우경임 · 이경주

1장

저성장은 우리의 삶을
어떻게 바꿀까?

: 저성장 시대를 인정하다

60년간 눈부신 경제성장을 이루어오면서 우리의 가치관과 생활 방식은 고성장 시대에 맞춰졌다. 그러나 성장의 시대는 끝이 났다. 경제가 발전함에 따라 집값이 뛰고 일자리가 늘어나던 시대는 저물었다.

아시아개발은행ADB은 "한국은 연평균 경제성장률 4% 이하의 저성장 시대에 진입했는데 사회 시스템은 여전히 고성장 시대의 모습 그대로"라고 지적한 바 있다.

성장의 달콤함을 기억하는 '과장님'들의 한숨

2014년 12월 27일, 96학번 동기 8명이 모였다. 둥그렇게 둘러앉아 서로를 마주 보니 웃을 때 눈가에 잔주름이 잡히고 군데군데 솟아나는 흰머리도 제법 눈에 띈다. 마흔을 한두 해 앞둔 이들은 대기업, 은행, 증권사, 공기업 등 소위 말하는 번듯한 직장의 '과장님'들이었다. 모두가 치열한 구직 시장에서 살아남아 직장에 입사했고, 구조 조정 같은 부침을 견뎌낸 이들이다. 그런데 새해를 맞이하는 마음은 착잡하기만 했다.

"훈아, 드디어 은행 기획실에 발령 났다면서? 정말 부럽다."

"그래, 고맙다. 그런데 나름 고충도 많다. 집에서는 원성이 너무 높아. 지난 1년 동안 제 시간에 퇴근한 날이 열 손가락 안에 꼽히거든. 그렇다고 월급을 더 받는 것도 아니고. 나보다는 연말마다 성과급 두둑이 받는 대기업 과장님 준이가 최고지."

준이가 고개를 절레절레 흔든다.

"말 그대로 성과급이야. 성과급 못 받을까 봐 성적표 받는 것보다 더 긴장하면서 산다. 게다가 요즘 신문에 나오는 하우스 푸어가 바로 나야. 빚내서 아파트 산 거 정말 후회된다. 지금 이자 갚기도 숨 찬다."

"그럼 ○○공사로 간 민이가 제일 걱정이 없는 건가?"

"당장 내년에 지방으로 회사가 이전한대. 주말부부를 해야 할지, 아이 때문에 한 명이 직장을 관둬야 할지 고민이야."

다들 행정 고시에 '턱' 붙어 중앙 부처 공무원이 된 정이에게 시선이 쏠렸다.

"내가 도서관 붙박이로 너희 자리 맡아주고 했던 거 기억하지? 그런데 아마 내 월급이 제일 적을걸? 연금 하나 바라보고 살았는데 정년을 채울 수 있을지도 모르겠고, 공무원 연금도 예전 같지 않아."

절로 한숨이 나왔다. 이날 모임에 참석한 '과장님'들은 나름 안정된 직장에 다니는 중산층이다. 열심히 노력하면 부모님들처럼 내 집 마련하고 자식 교육시켜서 시집 장가 보낼 수 있다고 믿으며 살아왔다. 그러나 불투명한 미래 앞에서 '과연 우리가 부모님만큼 살 수 있을까?'라는 생각을 하게 된다. 반갑게 만났는데 거푸 들이켜는 소주가 썼다.

"아니, 공부하래서 공부하고, 취직하래서 취직하고, 대출 받아 집 사래서 집 사고… 정답만 찍으며 살아온 줄 알았는데, 왜 삶은 점점 불안해질까?"

"그러게, 엄마 말을 너무 잘 들었나 봐."

...

장밋빛 성장이 거품처럼 사라지다

왜 우리 부모들의 성공 신화가 아들, 딸의 성공 신화로 이어지지 못할까? 부모가 지나치게 성공했기 때문일 수도 있다. 통계로 보면 한국의 경제성장은 기적이라 할 만하다. 6·25전쟁이 끝난 1953년 한국의 1인당 국민총소득GNI은 67달러였다. 60여 년이 지난 2014년에는 2만 8180달러로 420배가 뛰었다. 역사적으로 유례없는 눈부신 성장이다.

우리 부모 세대는 '수출입국(輸出立國)'이라는 표어를 걸어두고 확성기를 쾅쾅 울려대던 "잘살아보세… 한마음으로 가꾸어가면 부귀영화도 우리 것이다… 우리도 한번 잘살아보세"라는 노래를 들으며 자랐다. 지금 한국은 세계 8위 무역 대국이다. 240개가 넘는 국가와 교역한다. 전쟁으로 폐허가 된, 변변한 자원 하나 없는 땅에서 맨손으로 '한강의 기적'을 일궈냈다.

이 때문에 우리는 성장을 당연하게 여겨왔다. 열심히만 한다면 오늘보다 내일이 나아지리란 점을 믿어 의심치 않았다. '죽도록 공부해 좋은 대학에 들어가면 좋은 직장이 보장된다' '밤낮으로 열심히 일하면 그만큼의 보상이 주어진다' 라는 것이 우리의 몸과 마음에 깊게 새겨진 진리였다. 1970~80년대 급훈 대부분이 '최선을 다하자' '근면 성실' '4당5락'

이었던 것도 이런 분위기를 반영한 것이었다.

경제성장률을 살펴보면 1970년대 평균 성장률은 9.05%, 1980년대 9.65%, 1990년대 6.63%였다. 1973년에는 14.8%라는 경이적인 성장률을 기록하기도 했다. 1900년대 후반에 우리 경제가 뒷걸음친 것은 딱 두 차례였다. 바로 오일쇼크 뒤인 1980년(-1.9%)과 IMF 금융 위기 뒤인 1998년(-5.75%)이다.

대통령 선거 때마다 경제성장률 목표치를 내건 나라는 아마 한국이 유일할 것이다. 1987년 대선 당시 노태우 후보는 임기 내 연평균 7%, 1992년 대선 당시 김영삼 후보는 7%대 경제성장을 약속했다. 노태우 정부 때는 세계경제가 호황기에 접어들면서 5년간 평균 8.7% 경제성장을 기록했다. 김영삼 정부 때는 1997년 외환 위기가 닥치기 전까지 평균 7.4% 성장했다. 모두 목표를 초과 달성했다. 노력만 한다면 분명 더 나은 미래가 보장되었던 셈이다.

그러나 경제협력개발기구OECD 국가들은 이미 1990년대에 연평균 경제성장률 2%, 2000년대에는 1%에 머물렀다. 미국과 유로존, 일본 등에서는 마이너스 성장도 나타났다. 저성장 시대에 들어선 것이다. 한국도 2011년부터 연평균 경제성장률이 2.85%로 곤두박질쳤다. 영원할 것 같던 7% 이상의 장밋빛 성장이 거품처럼 사라졌다. 100m 달리기를 하는 속도로 질주하던 우리 경제가 갑자기 속도를 줄이려니 휘청거리기 시작했다. 빠르게 달리는 법은 알았지만 어떻게 속도를 줄여야 하는지는 몰라 어지러웠던 것이다.

왜 우리 부모들의 성공 신화가
아들, 딸의 성공 신화로 이어지지 못할까?

개인도 마찬가지다. 지금까지 살아온 삶의 방식을 바꿔야만 할 것 같은데 답을 찾기가 힘들다. 주린 배를 움켜쥐었던 보릿고개 대신 너무 많은 뱃살이 잡히는 비만을 걱정하고, 생필품 하나를 살 때도 통장 잔고를 확인하고 망설이던 시대에서 마음만 먹으면 할부로 고가의 명품을 구입할 수 있는 풍요로운 시대가 되었는데 행복하지 않다. 유엔이 발표한 세계 행복 보고서(2015)에 따르면 한국의 행복 지수는 10점 만점에 5.9점으로 156개국 가운데 47위였다. 경제 규모에 비하면 초라한 성적일 뿐만 아니라 2013년의 41위보다 6위 하락한 것이다.

…

성장에 익숙한 삶의 방식과 사회구조의 엇박자

연령대별로 보면 우리 사회의 고민이 그대로 드러난다. 20대는 일자리가 불안하고 30~40대는 자녀 양육과 교육비 부담으로 허리가 휜다. 50~60대는 당장 노후 걱정을 해야 한다.

60년 전에 비하면 우리는 분명 잘 먹고산다. 그런데 행복하지 않다. 그건 우리가 늘 부모 세대의 성공만 보았기 때문일지도 모른다. 그러나 이제 더 이상 어제보다 나은 내일을 기대하기 어려워졌다. 국민 모두가 쾌속 질주하던 시대에는 그 많은 성공의 기회 중 단 하나도 잡지 못한 개인에게 실패의 책임을 물을 수 있었다. 하지만 이제는 성공하려면 틈새를 노려야 한다. 틈새를 찾았다고 안심할 때, 이미 같은 틈새를 뚫고 성공하려고 발버둥치는 다른 이들을 발견하고는 다시 경쟁에 뛰어든다. 성공한 사람은 신격화된다. 개인은 점점 무력해질 수밖에 없다.

우리 부모 세대가 20대일 때는 일자리 구하기가 힘들지 않았다. 특히 대학을 졸업한 20대라면 취업은 고민거리가 아니었다. 대학 정문 앞에 대기업 버스가 줄지어 있다가 입사 시험장으로 실어 날랐다고 한다. 사람이 부족해 아우성이었다. 결혼 후에는 자녀 교육비가 부담되기는 했지만 월급이 오르고 성과금도 두둑했다. 게다가 주식과 부동산 시장이 활황이라 여윳돈 마련이 어렵지 않았다. 50~60대는 자식만 잘 키우면 기댈 곳도 있었다. 몸은 고달플지라도 삶에 활기가 돌았다.

그러나 이 시대에는 그런 공식이 통하지 않는다. 청년 실업난은 유례없이 심각하다. 자식들이 독립하지 않으니 부모는 쓸 돈이 줄어든다. 그렇게 오래 품고 키웠어도 자신만큼 넉넉히 살지 못하니 노후는 스스로 준비해야 한다. 2분의 1, 3분의 1로 급감한 경제성장 속도 앞에서 무력해질 뿐이다. 아시아개발은행ADB은 "한국은 연평균 경제성장률 4% 이하의 저성장 시대에 진입했는데 사회 시스템은 여전히 고성장 시대의 모습 그대로"라고 정확히 지적한 바 있다.

60년간 눈부신 경제성장을 이루어오면서 우리의 가치관과 생활 방식 모두 고성장 시대에 맞춰졌다. 갑작스레 찾아온 저성장 시대를 받아들이기가 힘겨운 것은 당연하다. 익숙한 삶의 방식과 사회구조가 엇박자를 내면서 개인은 불안해졌다. 그런데도 성장의 달콤함에 젖은 우리 사회는 아직도 '앞을 향해 전력 질주하라'고 가르친다. 승진을 포기할 수도, 사교육을 줄일 수도, 돈을 버는 대신 시간을 벌 수도 없다. 낙오자가 되기 싫어서다. '성공'이라는 하나의 가치관을 위해 모두가 달려가는 사회에서 행복해지기는 쉽지 않다.

삶의 패러다임을 바꾸지 않는 한 이런 무력감은 줄지 않을 것이다. 앞으로 다시 고성장 시대가 찾아오기는 힘들다는 것이 전문가들의 일관된 견해다. 일단 인구가 줄어든다. 일할 사람이 없고 집을 살 사람이 없고 돈을 쓰는 사람이 없다는 의미다. 이에 따라 저성장을 새로운 경제 질서로 수용하고 사회 시스템과 개인의 체질을 바꿔야 한다는 인식이 퍼지고 있다.

무작정 저성장을 두려워할 필요는 없다. 우리보다 앞서 발전한 나라들을 살펴보면 선진국으로 진입하면서 거치는 자연스러운 단계다. 아이가 어른이 되면 성장이 멈추듯 경제도 마찬가지다. 저성장을 어떻게 체화해나갈 것인지 우리 스스로 되물어봐야 할 때다.

그 많던 일자리는
다 어디로
갔을까?

평균수명이 길어졌다. 1970년 61.9세였던 기대 수명이 2013년에는 81.94세로 20년이 늘었다. 수명이 늘었으니 일도 오래 해야 하는데 정년을 채우는 가장은 거의 없다. 2013년부터 60세 정년이 법제화되었지만 실제 은퇴 연령은 불과 53세다. 대학까지 가르친 자식은 아직 취업을 못 했다. 뒤늦게 엄마가 생활 전선에 뛰어든다. 김밥도 말고 청소도 한다. 육아와 살림으로 경력이 단절된 엄마가 번듯한 일자리를 찾기는 힘들기 때문이다. 주위에서 쉽게 볼 수 있는 일자리 전쟁에 휘말린 가족의 모습이다.

전 세대에 걸쳐 일자리 전쟁이다. 일자리 자체가 줄었기 때문이다. 좋은 일자리는 더 많이 줄었다. 통계청에 따르면 한국 청년 중 전일제 일자리(1주당 36시간 이상 근무하는 경우로 통상 정규직을 의미한다)를 경험한 사람은 2004년 137만 7000명에서 10년 만인 2014년 79만 명으로 58만 7000명이나 줄었다. 출생아 감소에 따른 효과를 감안해 전체 청년 중 전일제 일자리를 경험한 사람의 비율을 산출해봐도 2004년 32.4%에서 2014년 20.1%로 12.3%p 줄었다.

반면 전체 청년 중 시간제 일자리(1주당 36시간 미만 근무하는 일자리)를 경험한 사람은 2004년 52.3%에서 2014년 68.9%로 16.6%p 증가했다.

단순히 경제성장이 둔화되었기 때문은 아니다. 보다 구조적인 요인이 있다. 우선 생산 시설이 점점 자동화되고 있다. 사람의 손을 빌려야 하는 단순노동이 점차 사라지고 있다. 공장뿐이 아니다. 사무실에서 화이트칼라가 담당하던 업무도 컴퓨터로 대체되고 있다.

또 공장이 해외로 나간다. 더 싼 노동력과 낮은 세금을 찾아 떠난 제조업 공장의 빈자리를 금융업 등 서비스업이 차지한다. 정부의 일자리 대책에 따라 복지 수준이 낮은 일자리는 급격하게 늘었지만 금융업 등 양질의 일자리는 글로벌 금융 위기 이후 줄어드는 추세다. 증권맨의 평균 근속 연수는 10년을 밑도는 것으로 조사됐다.

...

젊음이 이렇게 우울한 적은 없었다

평생직장은 사라진 지 오래다. 고용 불안은 인생에서 이례적인 위험이 아니라 일상화된 위험이 되었다. 의사 같은 전문직도 어느 순간 로봇이 대체할 수 있다는 전망이 나온다.

20년 전만 해도 기업이 구인난을 겪었다. 구직난이 심각한 지금은 상상조차 되지 않는다. 특히 청년층에 고통이 집중되고 있다. 우리나라 청년(15~29세) 고용률은 2013년 39.7%를 기록했다. 통계를 작성한 이후 처음으로 40% 밑으로 떨어졌다. 또 노동연구원에 따르면 2012년 기준으로 우리나라 청년(15~24세)과 비청년(25~64세) 고용률의 격차는 47%p로 OECD 주요국 중 가장 컸다. 프랑스(42%p), 이탈리아(41%p), 영국(25.7%p), 미국(24.7%p)보다 높았다.

2013년 방영한 드라마 〈응답하라 1994〉를 떠올려보자. 당시 큰 인기를 끈 이 드라마는 케이블TV로는 경이적인 두 자릿수 시청률을 기록했다. 이 드라마를 보면서 가장 놀란 건 팔도에서 올라온 청년 누구도 취직 걱정을 하지 않는다는 것이었다. 하숙집 딸을 포함해 하숙생 모두 대기업에 입사하거나 공무원이 되거나 공사에 들어간다. 의사도 둘이나 배출한다. 새해를 앞두고 한숨을 내쉬던 96학번 '과장님'들의 청춘인 셈이다. 맞다. 아내와 나는 그런 시절에 대학에 다녔다. 비록 오늘이 행복하지 않고 미래가 불투명하지만 어제는 경제성장의 막차를 탈 수 있는 행운을 누렸다.

지금 대학생들을 다루는 드라마는 어떤가. 20대의 풋풋한 낭만 따위는 없다. 대기업에 들어가려면 수천 대 1의 경쟁을 뚫어야 하는 이들은 이제 입학과 동시에 취업 준비를 시작한다. 지난 명절에 만난 대학생 사촌동생은 요즘 주변에서 정말 치열하게 취업 준비를 한다고 전했다. 기평생직장은 사라진 지 오래다.
고용 불안은 인생에서 이례적인 위험이 아니라
일상화된 위험이 되었다.

업에 입사하겠다거나 고시에 붙겠다가 아니라 A기업 B직군 C부서를 목표로 입사 준비를 한다고 했다. 드라마에서 대학생들의 연애가 사라질 만하다는 생각이 들었다. 이제 청춘들의 연애는 고등학교를 배경으로 한 드라마에서나 볼 수 있을 뿐이다.

실업난은 단순히 일자리 문제가 아니다. 저성장 시대의 청년들을 가리키는 용어를 보자. 20대 태반이 백수라서 '이태백', 아르바이트 같은 임시직으로 매달 평균 88만 원을 번다는 '88만 원 세대', 경제적인 이유로 연애와 결혼, 출산은 포기했다는 '삼포세대'는 이제 고전적인 용어다. 등록금을 벌려고 거여동과 마천동의 다단계업체에서 일하는 대학생인 '거마 대학생', 청년 대부분이 졸업 후 실업자나 신용 불량자가 된다는 뜻의 '청년 실신' 등의 용어에서 청년들의 암담한 세태가 그대로 드러난다. 빈부 격차뿐 아니라 희망 격차가 굳어져 간다. 어느 시대에도 젊음이 이렇게 우울한 적은 없었다. 부모 세대는 정치적 구호를 외치며 '유신 독재 타도'를 부르짖을 여유가 있었지만 자식 세대는 기업의 신입 채용 인원에 관심을 가질 뿐이다.

최근에는 구인·구직을 미끼로 각종 범죄가 발생한다는 안타까운 소식도 종종 접한다. 등록금이 모자라 대학을 중퇴하고 아르바이트에 뛰어든 A 씨. 이름만 빌려주면 매달 꼬박꼬박 월급을 받을 수 있다는 말에 솔깃해 유흥 주점 '바지 사장' 제안을 덜컥 받아들여 계약금 300만 원에 매달 100만 원을 받고 있다. A 씨는 각종 탈세나 불법 행위에 대한 민형사상 책임을 져야 할지도 모른다. 당장 몇 푼을 벌기 위해 인생을 저당 빈부 격차뿐 아니라 희망 격차가 굳어져 간다.
어느 시대에도 젊음이 이렇게 우울한 적은 없었다.

잡히는 선택을 한 것이다.

반면 고성장 시대에 청년기를 보낸 2차 베이비 붐 세대(1968~1974년생)는 X세대로 불렸다. 그 시기는 경제적으로 풍요로웠고 정치적으로는 민주화가 급속히 진행되었다. 취업도 어렵지 않았고 문화도 만끽했다. 대한민국 어느 세대도 누리지 못한 성장의 열매를 맛봤다.

아마 그런 이유일 것이다. 자동차 창밖으로 카드를 내민 손이 얼어버릴 듯한 날씨에 주유소에서 세차를 하는 청년, 야근을 마치고 돌아오는 길에 들른 편의점에서 밤샘 근무를 하는 청년, 아이와 함께 찾은 패밀리 레스토랑에서 무릎을 꿇고 주문을 받는 친절한 청년을 볼 때마다 마음이 편치 않은 건 말이다. 단지 시대를 앞서 태어났을 뿐인데 달콤함에 취해 성장의 열매를 남김없이 따 먹어버린 기분이 들어서다. 조심스럽게 변명을 해보자면, 풍요의 시대가 그리 빨리 끝나리라고는 미처 예상치 못했다.

교육을 마친 20대가 일자리를 구하지 못하면, 또는 저숙련·저임금 일자리를 떠돌게 되면 개인이나 사회 모두가 손해다. 20대는 노동시장에 진입해 숙련도를 키우고 전문성을 쌓아 자신의 가치를 높여야 하는 시기로 개인적으로는 소득 증가를 기대할 수 있다. 또 사회는 질 높은 노동력을 확보하게 된다. 그런데 아예 노동시장에 진입조차 하지 못하거나 눈높이를 낮춰 취업하면 개인의 가치를 높일 기회를 잃어버리게 된다. 평생 소득도 이에 따라 감소하게 된다. 기업은 필요한 인재를 찾기가 점점 어려워진다.

…

사회구조에 맞게 패러다임을 바꿀 타이밍

물론 청년 실업은 세계적 현상이다. 저성장 시대에 각국이 청년 실업으로 신음하고 있다. 세계노동기구ILO의 '2014년 세계 고용 동향' 보고서를 보면 2013년 세계 청년 실업률은 13.1%로 성인 실업률(4.6%)의 3배가 넘는다. 기업들이 대규모 신규 투자를 꺼리면서 노동시장의 벽이 더욱 높아졌기 때문이다. 노동시장에 진입조차 하지 못한 청년들이 가장 큰 피해자가 된 셈이다. 세계 곳곳에서 장기간 실업 상태에 있거나 임시직을 전전하는 청년층의 분노가 점점 커지고 있다. 한국 역시 청년 실업을 방치한다면 사회적 갈등 비용을 지불하게 될 것이라는 경고가 나오고 있다.

지난 1년 동안 나는 새로운 업무를 맡으면서 청년 구직자를 만날 일이 많았다. 수습기자뿐 아니라 인턴, 통신원, 서포터 채용에도 경쟁률이 수백 대 1에 달했다. 다들 어학 능력, 다양한 자격증, 인턴 경험 등 우수한 능력을 갖추고 있었다. 개인적으로 대화를 나눠보면 절박했다.

"이번에도 떨어지면 부모님 얼굴을 못 뵐 것 같아요."

"연애는 사치예요. 초조해서 아무도 만나고 싶지 않아요."

아무리 학점과 스펙이 좋아도 이들에게 취업은 바늘구멍 통과하기다. 친구 중에 취업한 사람이 얼마나 되느냐고 물으면 대답은 늘 "우리 과에서 한두 명밖에 없어요"였다. 지금까지 일자리를 얻느냐 못 얻느냐는 개

개인의 노력 여하에 달린 것이라는 인식이 우리 사회를 지배했다. 이제 그런 인식은 곧 사라질 것이다. 일자리 공급은 부족한데 수요는 넘치는 구조적 문제 때문이다. 지금의 청년들이 앞선 세대보다 공부를 덜 하고 스펙이 모자라 취업을 못하는 것이 아니다. 그런데도 스스로 경쟁력이 없다고 좌절해야 하는 것일까?

한국의 대학 진학률은 70%가 넘는다. 매년 50만 명의 대학 졸업자가 사회로 쏟아져 나온다. 이는 한국만의 독특한 현상이다. OECD 회원국 청년층의 학력은 고졸 이하가 63%, 대졸 이상이 37%다. 경제구조상 대학 졸업자에게 걸맞은 일자리는 많이 생길 수 없으니 눈높이에 맞는 일자리를 찾기가 점점 힘들어진다. 그래서 '학력 인플레'는 청년 실업의 주요 원인으로 꼽힌다. 어른들은 '요즘 아이들은 힘든 일을 안 하려 든다'며 철들지 않은 고학력 청년 백수들을 쉽게 비난한다.

'학력 인플레'의 원인을 꼼꼼히 따져보자. 대학을 나오지 않으면 좋은 직장, 안정적인 직장에 취업하기 어렵다. 그러면 결혼도 제대로 못 한단다. 대기업 영화관에서 계약직으로 팝콘을 파는 것이 중소기업에서 일하는 것보다 명함 내밀기가 낫다는 하소연도 한다. 게다가 경력이 쌓일수록 대기업과 중소기업의 소득 격차가 더 커진다. 너도나도 대학에 진학하는 것, 그래서 대기업에 지원할 기회를 얻는 것이 개인으로서는 가장 합리적인 선택이었다. 사회적으로 청년 실업자의 대량 양산이라는 의도치 않은 결과가 나타났더라도 말이다.

그런데 이제 일자리가 없다. 물론 안정적인 일자리는 더더욱 없다. 사

지금의 청년들이 앞선 세대보다 공부를 덜 하고
스펙이 모자라 취업을 못하는 것이 아니다.
그런데도 스스로 경쟁력이 없다고 좌절해야 하는 것일까?

회구조가 전환되었다면 개인도 이에 맞춰 패러다임을 바꿀 수밖에 없다. 더 높이 승진하기 위해, 더 빨리 돈을 벌기 위해 적성에도 맞지 않고 좋아하지도 않는 일을 꾸역꾸역 하는 것, 고성장 시대에 어느 정도 안녕을 보장했던 이 같은 낡은 패러다임은 이제 더 이상 통하지 않는다. 단지 남들 기준에서 번듯하게 살기 위해 버텨내는 것은 일자리가 줄어들고 월급이 꼬박꼬박 오르지 않는 저성장 시대에는 가장 불행한 선택이 될 것이다. 돈이나 지위 같은 외적인 보상뿐 아니라 노동의 즐거움과 같은 내적인 보상도 전혀 받을 수 없기 때문이다.

이를 깨달은 현명한 청년들이 벌써 움직이고 있다. 스스로 성공의 기준을 다시 정의하면서 새로운 길을 개척하는 청년들이 새로운 세대로 등장하고 있다.

우리는 소비한다,
그러므로
존재한다?

나는 한 번도 스스로 사치스럽다고 생각해본 적이 없었다. 검소하다고 자신할 정도는 아니지만 비싼 요리를 즐기는 것도 아니요, 명품 가방을 들고 다니는 것도 아니요, 보석을 좋아하지도 않는다. 나름 규모 있게 살림을 꾸리는 주부라고 생각했다.

이런 자만심이 무너진 건 1년간 회사를 휴직하고 미국 생활을 하면서였다. 거주 기간이 한정돼 있으니 소유라는 개념을 버려야 했다. 한국으로 가지고 돌아갈 수 없다고 생각하니 아무리 좋은 가구나 자동차도 짐처럼 보였다.

당연히 집을 빌렸다. 오래 살 집이 아니므로 살림을 최대한 간소하게 들여놓았다. 한국에서 살던 집보다 크기가 늘어났음에도 집을 꾸미고 싶은 욕망이 전혀 생기지 않았다. 같은 지역에서 연수를 하고 한국으로 돌아간 동료에게서 가구와 가전제품을 물려받았다. 소파가 없어 마루가 휑했지만 바닥에 매트를 깔아놓는 것으로 대신했다. 바닥 난방이 안 돼 아쉬웠지만 아이가 맘껏 뒹굴 수 있다는 데 만족했다. 흔들거리는 의자는 나사를 조이고, 오래된 가전제품은 살살 다루며 아껴 썼다. 서재 책꽂이에 꽉꽉 꽂아두던 책 욕심도 버렸다. 대신 도서관을 자주 드나들었다.

식탁보 한 장, 방석 하나 사는 데에도 정말 필요한 물건인지 스스로 되물었다. '이거 한국에 가져갈 수 있을까' 싶은 생각에 다시 내려놓는 일이 다반사였다. 바닥을 홀랑 태운 냄비도 깨끗이 닦아 사용했고 잼이나 피클 용기는 저장 용도로 재활용했다.

옷도 마찬가지였다. 이삿짐을 줄여야 하니 트레이닝복 몇 벌로 겨울을 났다. 과하게 차려입지 않는 미국 소도시의 실용적인 문화 덕분에 굳이 멋 부리는 데 돈을 쓰지 않아도 되었다.

최대한 간소하게 산다고 생각했는데 한국에 돌아올 때 짐을 싸다 보니 며칠을 치워도 버릴 물건이 나왔다. 침대나 책장, 텔레비전 등 무게가 나가는 살림살이는 되팔고 작아진 아이 옷과 장난감은 기부했다. 그래도 50리터짜리 쓰레기봉투가 연신 가득 찼다. 적어도 열 번 이상 내다버렸다. 단 1년간의 생활 끝에 처분할 물건이 이렇게 많다면 나는 수십 년간 얼마나 필요 없는 물건을 사들이며 살았을까. 짐 정리를 마치고 쑤시는 팔다리를 주무르면서야 실감이 났다.

…
소비하기 위해 일하는 사회

우리 사회는 급격히 소비를 늘려왔다. '푼돈 모아 목돈' '쓰고 나서 후회 말고 쓰기 전에 저축하자'라며 저축을 권장하던 분위기가 외환 위기 이후 확 바뀌었다. 내수를 살린다는 명목으로 '건전한 소비'가 강조되었다. 갑자기 절약은 촌스럽게 느껴지고 소비가 미덕이 되었다.

소득의 절대액은 늘었지만 가구당 살림살이는 여전히 퍽퍽하다. 남들처럼 살기 위한 과시형 소비나 모방형 소비가 늘어서다. 가계 부채가 어떻게 1000조 원을 넘어섰는지 속사정을 들여다보자.

먼저 집이 커졌다. 가구를 구성하는 숫자는 줄었지만 가구당 주거 면적은 2000년 62.14m²(약 19평)에서 2012년 78.1m²(약 24평)로 꾸준히 늘었다. 또 1인당 주거 면적은 19.83m²(약 6평)에서 31.7m²(약 10평)로 1.5배 커졌다. 자동차 수도 처음으로 자동차를 등록한 1945년에는 7386대에 불과했지만 40년 만인 1985년에 100만 대를 돌파했다. 그리고 1997년에 1000만 대를 돌파하더니 2014년 10월 2000만 대를 넘어섰다. 자동차 2000만 대 돌파는 세계에서 15번째다. 특히 1995년 5.4명당 한 대꼴이던 승용차 수가 2014년 2.56명당 한 대꼴이 되었다. 보통 3~4명이 한 가족을 이루는 것을 감안하면 집집마다 승용차를 갖게 된 것이다. 한 집에 2~3대 소유하는 것도 일반적인 현상이 되었다.

겉보기에는 삶이 풍요로워 보인다. 문제는 더 넓은 집, 더 좋은 차를 원하다 빚더미에 올라앉았다는 사실이다. 아파트가 중산층의 상징이 되면서 집값은 꾸준히 올랐다. 예전처럼 10년간 꼬박 저축하면 내 집 마련의 꿈을 이루는 일이 불가능해졌다. 빚을 내 집을 사는 것이 당연해졌다. 가계 대출 1000조 원 중 75%가량은 주택 담보 대출이다. 월세를 집주인에게 내거나 은행에 내거나 둘 중 하나다.

지갑에 돈이 없으면 물건을 살 수 없던 시대에는 저축을 못 하더라도 빚이 늘어나지는 않았다. 2013년 경제활동인구 1인당 신용카드 개수는 3.9장이다. 물건을 사기 위해 돈을 모으거나 망설일 이유가 없어졌다.

우리 중 스스로 소비가 과하다거나 사치스럽다고 생각하는 경우는 드물 것이다. 남들도 하나쯤 가진 가방이고, 누구나 들고 다니는 스마트폰이니 말이다. 미디어를 통해 슈퍼리치의 소비 행태를 접하고 최고의 물건을 접한 소비자들은 스스로 과소비한다고 느끼지 못한다. 오히려 대부분 자신은 비싸고 희귀한 물건을 소비하지 못하기 때문에 남들보다 소비를 덜 한다는 착각을 하게 된다. 이는 미국 경제학자 로버트 프랭크 Robert Frank가 그의 저서 《사치 열병》(미지북스, 2011)에서 분석한 내용이다.

예를 들어 82m²(약 25평) 아파트는 3명의 가족이 살기에 충분한 크기지만 109m²(약 33평)에 사는 이웃을 보면 더 큰 집에서 살고 싶은 생각이 든다. 심지어는 월세를 전전하던 옛일은 까마득히 잊고 스스로 가난하다고 느끼기도 한다. 전 세계가, 각 개인이 촘촘히 연결되고 삶의 모습이 적나라하게 공개되면서 우리 사회가 '사치 열병'을 앓게 된 것이다.

이 때문에 프랭크는 사치에 누진 소비세를 부과해 낡은 도로를 보수

하고 빈곤 정책을 확대하자고 주장한다. 개인의 소비를 억제해 공동체를 위해 쓰자는 그의 주장은 격론을 불러일으켰다. 사실 도덕적 잣대로 사치가 옳은 소비인지 나쁜 소비인지 재단하기는 어렵다. 특히 일부 경제학자들은 부자가 돈을 써야 서민들의 일자리가 생긴다고 믿는다.

하지만 넓은 집과 비싼 자동차를 사기 위해 빚을 지고, 노동시간을 늘려야 하고, 가족과 보낼 시간이 줄어든다면 이것이 과연 합리적인 선택인가 하는 질문을 던져볼 수 있다.

소비를 위해, 소비로 늘어난 빚을 갚기 위해 맞벌이하는 가구가 급격히 늘었다. 2012년 우리나라 맞벌이 가구는 510만 가구로 추정된다. 배우자가 있는 가구의 43.5%에 달한다. "아빠가 출근할 때 뽀뽀뽀, 엄마가 안아줘도 뽀뽀뽀"란 노래는 현실과 한참 동떨어진 셈이다. 문제는 둘이 벌어도 넉넉하지 않다는 점이다. 많은 사람들이 주택 대출금을 갚고 아이를 학원에 보내며 남들과 같은 수준으로 살기 위해 맞벌이를 택한다.

그러나 삶의 질도 같이 향상되었는지는 미지수다. 돈을 벌기 위해서는 가족이 함께하는 시간을 희생해야 한다. 야근이 일반화된 한국의 기업 문화에서 가족끼리 저녁을 같이 먹는 일은 드물다. 게다가 아이는 엄마, 아빠가 퇴근할 때까지 남의 손에 맡겨진다. 친구나 이웃과의 관계도 질이 떨어진다.

부부가 힘을 합쳐 열심히 일하지만 스스로 하층이라고 생각하는 비율은 오히려 높아지고 있다. 타인과 비교했을 때 느끼는 상대적 박탈감도 심해졌다. 통계청의 '2013년 사회 조사 결과'에 따르면 전국 가구주의

46.7%가 소득, 직업, 교육, 재산 등을 고려한 사회·경제적 지위를 '하층'이라고 답했다. '중간층'은 51.4%, '상층'이라는 답변은 1.9%였다. 자신이 하층민이라고 답한 비율은 처음 조사를 실시한 1988년(약 37%)보다 약 10%p 높아졌다. 쉽게 말해 25년이라는 시간이 지나면서 우리나라 인구 약 5000만 명 중 500만 명은 스스로 중산층에서 하류층으로 떨어졌다고 생각한다는 의미다.

결국 현대인은 소비하기 위해 일하고, 일해서 소비한다. 끊임없이 노동과 소비의 쳇바퀴를 돌린다. 프랑스의 사회학자 장 보드리야르^{Jean Baudrillard}가 그의 저서 《소비의 사회》(문예출판사, 1992)에서 그린 현대인의 모습과 같다. 필요해서 물건을 사는 것이 아니라 자신이 어떤 취향을 가진, 어떤 계층의 사람이라는 것을 보여주기 위해 산다. 소유한 물건은 자신의 권위와 성공을 드러내는 일종의 기호(상징)가 되었다. 페라리를 몰고 다니는 사람은 페라리를 가질 만큼 부유한 상류층이고 유행을 선도하는 세련된 사람이라는 인상을 주게 된다. 이런 이들을 보며 페라리 모자와 점퍼를 입고 다니는 모방 소비가 뒤따른다. 현대사회는 개인의 욕망에 바탕을 둔 소비를 동력으로 삼아 움직이는 셈이다.

...

이제 소비의 시대는 가고 있다

그런데 더 이상 소비로 자신을 증명하기 어려운 시대에 들어섰다. 고도성장에 따른 소비의 시대는 지고 허리띠를 졸라매야 하는 상황이 된 것이다. 빚을 내는 것도 여의치 않다. 은행도 불안한 미래에 대비하기 시작했다. 대출 심사가 점점 깐깐해지는 추세다. 결국 저성장 시대에는 소비를 통해 끊임없이 자신의 지위를 확인하고 정체성을 부여하던 패턴을 바꾸지 않으면 행복해지기 힘들다.

소비의 달콤함에 취해 있다가 이를 줄이는 것은 상당한 고통을 동반한다. 명품 가방을 들고 우쭐해지고 어깨가 당당해진 경험이 있다면 더더욱 힘들 것이다. 그러나 소비로 인한 행복감은 순식간에 사라지고 만다. 간절히 원하던 차를 샀을 때 날아갈 듯한 기분은 단 며칠뿐이다. 곧 길거리를 달리는 여느 차와 다를 바 없어진다. 요즘 가난은 굶주림이 아니라 소비를 할 수 없는 상태라고 정의해도 무방하다. 원하던 물건을 소유했을 때 느끼는 잠깐의 기쁨에 중독되어 있다면, 소비로 행복도 구매하고자 한다면 가난을 견뎌내기 힘들 것이다.

오히려 성장의 과실을 맛보지 못한 젊은 층에서 변화가 시작되고 있다. 한국의 2030세대는 호황과 불황이라는 극단을 오가는 롤러코스터 경제를 목격한 세대다. 또 미래에 대한 희망이 없다. 아예 소유를 꿈꾸지 않는 '신(新)무소유' 세대가 등장했다는 분석도 있다.

우리 부부의 경우 휴직을 하고 1년이라는 시간 동안 극도로 소비를 자제하고 살면서 간소한 삶의 기쁨을 조금이나마 경험할 수 있었다. 사실 삶은 유한하다. 평소 이를 자각하지 못할 뿐이다. 우리에게 주어진 시간이 정해져 있는데 자신의 성공을 증명할 수 있는 물건을 사는 데 열중할 것인가, 사랑하는 사람과 보내는 데 열중할 것인가. 우리보다 먼저 살다 간 현자들이 이미 수없이 정답을 일러주었다.

저성장 시대에는 소비를 통해 끊임없이 자신의 지위를 확인하고

정체성을 부여하던 패턴을 바꾸지 않으면

행복해지기 힘들다.

부동산 잔치는 끝났다

회사원 김 모 씨(59세)는 단벌 양복으로 회사를 다녔다. 그래도 청약 통장 입금은 한 번도 거르지 않았다. 그리고 마침내 1991년 300만 원이 든 청약 통장으로 분당 신도시 시범아파트 $107m^2$(33평형)에 입주했다. 번듯한 내 집을 마련했다는 설렘에 이사 첫날 밤에는 잠도 제대로 못 잤다. 5400만 원에 분양받은 아파트가 자고 일어나니 무려 2000만 원이라는 프리미엄이 붙어 있었다. 친척, 친구, 회사 동료까지 집들이를 몇 번이나 했는지…. 지금도 이사 첫날을 생각하면 슬며시 입가에 미소가 번진다. 요즘 시세가 5억 5000만 원이니 10배로 오른 셈이다. '중간에 팔아서 강남에 아파트를 샀더라면' 하는 아쉬움이 없는 것은 아니지만 아이들 자랄 적에 셋집 전전하지 않고 오순도순 잘 살았다 싶다. 게다가 노후에 월세를 놓으면 아파트 한 채가 톡톡한 효자 노릇을 한다.

분당 신도시 청약 열풍은 그야말로 광풍이었다. 1989년 4월 18일 경기도 성남시 공설 운동장에서 분당 신도시 한신공영아파트 입주자 585명을 추첨하는 모습을 TV로 생중계할 정도였다. 이날 청약자 2만 5000여 명을 포함해 5만여 명이 몰려들었으며 43대 1의 경쟁률을 기록했다. '분당 투기 원천 봉쇄 당첨권 전매 등 단속' '무허가 중개업자 분당서 7명 입건' '분당 투기꾼 82명 적발' 같은 내용이 연일 신문 헤드라인을 장식했다. 아파트에 당첨되자마자 입주민은 중산층 반열에 올라섰고 시세차익으로 부를 쌓기도 쉬웠다. 일산 등 수도권 신도시 개발이 이어지면서 부동산 광풍은 30년 가까이 한국 사회를 뒤흔들었다.

2008년 전세금을 2000만 원 올려달라는 말에 빚을 내 87m²(25평형) 아파트를 산 서울시 용산구 이 모 씨(39세). 신혼집을 구할 무렵 4억 5000만 원이던 아파트가 2년 만에 무려 1억 5000만 원이나 오른 것을 보고 당장 집을 사지 않으면 평생 장만할 수 없을 것만 같았다. 2년마다 전세금을 올려주거나 이사 비용을 날리느니 빚을 내서라도 집을 사는 게 남는 장사라고 생각했던 것이다. 그런데 2008년 하반기에 들어서면서 믿기 어려운 일이 일어났다. 집값이 곤두박질치기 시작한 것이다. 서울의 중심 지역이라 하락 폭이 그나마 완만했지만 7%대에 빌린 은행 이자와 각종 세금을 계산하니 손해가 이만저만이 아니었다. 맞벌이지만 매달 한 사람 월급은 고스란히 은행으로 들어갔다.

집값이 오르면, 아니 원금이 회복되면 팔려던 생각도 접었다. 전셋값이 집값의 70~80%까지 올랐지만 집을 사겠다는 사람이 없었다. 동네 부동산에서는 집값이 정체 상태인데 굳이 이자 물고 세금 내면서 사야 할 이유가 없어서 매매 수요자가 거의 없다고 말했다. 부모님이 집을 산 뒤 평수를 늘려가며 여유롭게 사는 것을 보며 자란 이 씨. 집값은 늘 오르기만 하는 것이라 생각했던 그에게 남은 것은 1억 원이 넘는 주택 담보 대출뿐이다.

언론에 대표적으로 오르내리는 서울시 강남구 대치동 은마아파트(102.47m²)의 시세를 보면 이 같은 현상이 극명해진다. 2004년 1월 6억 500만 원이던 매매가가 3년 만인 2007년 1월 11억 2500만 원으로 5억 2000만 원이 치솟았다. 이후 2008년 후반부터 8억 원대와 10억 원대를 넘나들면서 가격이 춤을 추다가 2011년 11월 이후 7억~8억 원대를 왔다 갔다 하고 있다. 언젠가 또 가격이 급등할지 모르지만 이곳 주민의 말을 빌리면 너무 긴 세월 동안 수도에서 녹물이 나오고 난방도 잘 안 되는 환경을 견뎌왔다.

...

부동산 버블의 막차를 탄 이들의 고민

신도시 건설로 부동산 로또에 당첨된 세대가 우리 부모 세대라면 부동산 버블의 막차를 탄 게 우리 세대라고 할 수 있다. 우리는 '강남 불패' '버블 세븐'(강남구, 서초구, 송파구, 양천구 목동, 성남시 분당구, 안양시 동안구 평촌동, 용인시 등 7곳의 집값 급등 지역을 이르는 말) 같은 용어를 탄생시키며 온 국민을 반쯤 투기꾼으로 만든 부동산 시장의 화려한 시절을 지켜보며 자랐다. 하지만 잔치는 끝났다. 시간이 갈수록 집을 구매할 청년 인구가 줄어든다. 취직을 못 하니 집을 살 여유도 없다. 부동산 거래 건수는 매년 최저치를 기록하고 집값이 더 이상 오르지 않을 것이라는 데 전문가들의 전망이 일치한다. 더 이상 아파트는 중산층의 상징이 아니다. 집이 있어도 가난할 수 있다. 대출금과 이자를 월급으로 감당하기 어려운 '하우스 푸어' 가구가 전국적으로 32만 가구로 추산된다.(조영무 LG경제연구원 책임연구위원은 2013년에 차기 정부의 하우스 푸어 대책인 〈보유 주택 지분 매각제에 관한 보고서〉에서 하우스 푸어 가구 수는 2012년 기준으로 약 32만 가구, 부실 부채 규모는 38조 원으로 추산했다. 하우스 푸어는 소득에서 비소비성 지출과 최저생계비를 뺀 액수가 부채 상환액보다 적은 가구로 대출 상환에 극단적인 어려움을 겪는 가계를 의미한다.)

나도 2008년에 집을 샀다. 부동산 버블이 꺼지기 바로 직전이었다. 부동산 시장이 예전 같지 않다는 경고음이 들려왔지만 집값이 내리는 것을 본 적이 없었기에 과감히 집을 구입했다. 전세로 여기저기 옮겨 다니는 것도 상당한 스트레스여서 결정을 망설이지 않았다. 꼬박꼬박 원금과 이자를 갚아나가고 있지만 아직도 안방 하나는 은행 소유다. 한동안은 '언젠가 집값이 오르겠지' 하는 기대를 품고 있었다. 1년쯤 지나서 그런 기대는 실망으로 바뀌었고 이러다 빚에 깔려 죽는 게 아닌가 하는 생각에 불안감이 커졌다. '10년은 걸려야 갚을 수 있을 텐데' '집 한 채 달랑 가지고 노후에는 뭐 먹고사나' '아이랑 해외여행 한 번 가고 싶은데' 이런 생각에 갑자기 부아가 치미는 것이었다.

빚과 우울증의 상관관계는 많은 실증적 연구에서 입증되었다. 빚에서 헤어날 길이 없어 자살을 선택하는 경우도 종종 발생한다. 영국 사우샘프턴 대학교의 토머스 리처드슨Thomas Richardson 박사 팀은 가계 부채가 있는 사람이 그렇지 않은 사람에 비해 정신 질환을 앓을 확률이 3배 더 높다는 연구 결과를 내놓았다. 빚과 정신 질환 간의 상관관계를 조사한 유사 논문 65편을 수집한 뒤 연구에 참여한 피실험자 3만 4000명을 분석한 결과 빚이 없는 사람 중 정신 질환을 겪는 경우는 9% 미만이었다. 반면 빚이 있는 사람은 25%를 넘어섰으며 이들은 우울증이나 약물 중독 상태에 빠져 있었다.

…

빚이 있으면 월급이 내 삶의 '갑(甲)'

엄마는 카드를 북북 그어대는 나를 보며 묻곤 했다. 매달 월급 통장에 잉크도 마르기 전에 카드 대금으로 다 빠져나가면 빈 월급 통장 보면서 스트레스 받지 않느냐고. 아껴 쓰는 것보다 카드 대금 갚는 게 더 힘들지 않느냐고. 하지만 빚도 자산이라고 세뇌된 나는 도통 엄마의 말을 알아들을 수가 없었다. 그러다 수년간 빚을 갚고 나서야 엄마의 말뜻을 이해하게 되었다.

빚의 수렁 속에서 가장 절망적인 것은 내 의지와 상관없이 끝없이 일해야 한다는 것이다. 좋아하는 일이든 좋아하지 않는 일이든 그저 노동이 된다. 회사 생활이 고달플 때마다 '대출은 나의 힘'이라며 덜컥 집을 산 덕분에 직장 오래 다닌다고 농담을 하곤 한다. 사실 빚이 없다면 한두 달 쉰다고 해서 당장 재앙이 찾아오지는 않는다. 빚 독촉에 시달린다거나 집에 압류가 들어오는 것처럼 삶이 순식간에 위태로워지지 않는다는 뜻이다.

빚을 지고 살다 보니 더 길게, 더 고되게 일을 해야만 한다. 도대체 내가 주인인지 아파트가 주인인지 헷갈린다. 일의 의미를 잃어버린 채 노동을 하다 보니 스트레스가 쌓이고 이를 해소하기 위해 다시 카드를 꺼내 든다. 맛있는 음식으로 혀끝의 쾌락을 누려보기도 하고 반짝거리는 구두로 보상을 해보기도 한다.

노동시간이 길어질수록 돈은 더 벌겠지만 행복감은 낮아질 수밖에 없다. 일단 일과 소비라는 쳇바퀴를 굴리기 시작하면 거기서 내려오기는 커녕 속도를 줄이기조차 쉽지 않다. 빚이 없다면 뒤늦게 적성에 맞는 취미를 찾아볼 수도 있고 일을 줄이는 대신 봉사 시간을 늘릴 수도 있다. 아이와 더 많은 시간을 보낼 수도 있다. 빚을 지고 있으면 월급이 내 삶의 '갑'이다. 당연히 이런 모든 기회가 원천 봉쇄된다.

2014년 우리나라 가계 부채는 1025조 원에 달한다. 10년 전인 2004년(494조 원)과 비교하면 2배 이상으로 증가했다. 또 한국은행의 〈2014년 금융 안정 보고서〉에 따르면 가계의 처분 가능 소득 대비 가계 부채 비율은 161.3%다. 쉽게 말해 가정에서 쓸 수 있는 돈이 1만 원이면 부채는

회사 생활이 고달플 때마다

'대출은 나의 힘'이라며 덜컥 집을 산 덕분에

직장 오래 다닌다고 농담을 하곤 한다.

1만 6130원이다. 자산은 늘어났을지 몰라도 쓸 돈이 줄어들었다는 의미다. 실제 대부분의 재산이 집에 묶여 있다. 가계 순자산 중 비금융자산(부동산)의 비중이 66%에 이른다. 미국(30%)의 2배를 넘는다.

게다가 빚이 빚을 불러 가계 대출에서 비은행권이 차지하는 비중이 50.0%에 달한다. 세 곳 이상의 금융기관에서 돈을 빌린 다중 채무자 수는 325만 명이다. 은행에서 대출을 거부당하고 이자가 비싼 곳으로 떠밀려간 이들이다. 이제 '부채 공화국'이라는 말이 헛말만은 아니다.

···

집에 대한 인식이 점차 변하고 있다

과연 우리에게 집이란 무엇인가? 온 가족의 삶의 터전인가, 평생을 저당 잡히는 굴레인가? 우리 부모 세대에게는 아파트를 마련하는 것이 반드시 이뤄내야 할 삶의 성공 기준이었다. 그런데 제일기획이 서울, 인천, 부산, 대구, 광주, 대전 등 전국 6대 도시의 13~59세 남녀 3800명을 대상으로 조사한 〈2013 대한민국 소비자 라이프스타일 데이터 보고서〉를 보면 집에 대한 인식이 점차 변하고 있음을 알 수 있다. '내 집 마련은 반드시 필요하다'는 데 70%가 동의했지만 과거와 달리 집은 투자보다 거주 목적이 더 크다고 생각하는 경우가 60%를 차지했다.

이런 인식 변화는 집에 대한 우리 삶의 딜레마에서 비롯된 것으로 보인다. 서울의 집값은 세계 최고 수준이다. 서울의 소득 대비 주택 가격PIR

도대체 우리에게 집이 필요한 이유는 무엇일까?

집은 사회적 지위와 성취를 드러내고

남에게 인정받기 위한 수단 아니었을까?

이 도쿄, 런던, 뉴욕 등 세계 주요 대도시보다 높다. KB금융지주 경영연구소의 보고서 〈주요국의 주택 가격 비교와 시사점〉에 따르면 주요 9개 도시 중 서울의 PIR은 9.4로 홍콩(13.5), 밴쿠버(9.5) 다음으로 높았다. 런던(7.8), 도쿄(7.7), 뉴욕(6.2)은 서울보다 낮았다. 그런데 안타깝게도 서울 시민들은 비싼 집에 머무는 시간이 길지 않다. OECD에 따르면 한국의 연간 근로시간은 2163시간(2013년 기준)이다. OECD 평균(1700시간)보다 463시간이나 많다. 회사에 머무는 시간이 길다 보니 집을 마련하고도 막상 가족과 보내는 시간은 짧다. 한국인의 행복 지수가 낮을 수밖에 없다.

우리는 집을 장만하기 위해 고되고 바쁘게 일하는 것을 당연하게 여긴다. 많은 이들이 내 집에서 온 가족이 행복하게 살아가는 꿈을 꾼다. 그런데 집 살 돈을 모으기 위해, 또는 집을 사느라 빌린 돈을 갚기 위해 피로에 허덕이며 막상 가족과 함께하는 시간이 줄어드는 것에는 아무도 의문을 제기하지 않는다. 외면하고 싶은 불편한 진실이기 때문일 수도 있다.

도대체 우리에게 집이 필요한 이유는 무엇일까? 집은 사회적 지위와 성취를 드러내고 남에게 인정받기 위한 수단 아니었을까? 어느 동네에 얼마나 큰 집에 사느냐가 나라는 사람을 설명해주기를 기대한 것은 아니었을까? 남의 기준에서 성공하기 위해 아등바등 일한 것은 아니었을까? 매달 텅텅 비는 통장을 보면서 나의 삶에서 집이란 무엇인지 다시 생각해보게 되었다.

우리 시대의
가난
상대적 박탈감

우리는 분명 부모 세대에 비해 물질적 풍요를 누리고 있다. 부모 세대가 겪은 헐벗음과 굶주림은 흑백사진에서나 확인할 수 있을 뿐이다. 이렇듯 앞선 세대가 상상조차 못 했던 부를 이루었지만 삶의 만족도는 오히려 떨어졌다. "배고픈 건 참아도 배 아픈 건 못 참는다"라는 옛말처럼 절대적 빈곤보다 상대적 빈곤을 받아들이기 쉽지 않아서일 것이다. 지난 60년간 압축적인 경제성장을 겪으면서 옆집 사람이 벼락출세하고 앞집 사람이 벼락부자가 되는 걸 봐왔다. 상대적 빈곤에 대한 심리적 저항이 선진국보다 심할 수밖에 없다.

내가 개인적으로 상대적 빈곤을 체감하는 지출 항목은 사교육비다. 우리 집 가계부의 가장 큰 지출 항목도 주택 담보 대출과 사교육비다. 올해 아이가 유치원을 졸업하고 초등학교에 입학했다. 2월의 아이와 3월의 아이가 생물학적으로 큰 변화가 있는 것은 아닐 텐데 초등학생이 되는 아이의 교육 문제로 갑자기 초조해지기 시작했다. 직장에 다니는지라 집에서 살뜰히 못 챙겨준다는 마음 때문인지 주변 엄마들이 들려주는 학원 정보에 귀가 솔깃해졌다. '영어 학원은 ○○가, 수학 학원은 △△가 좋은데 대기자가 많다더라' '예체능은 저학년 때 시켜야 한다. 고학년에 올라가면 배울 시간이 없다' '○○학원 피아노 레슨은 1회당 ○만 원인데 아이 실력이 금방 는다' '틈틈이 축구도 시켜야 한다. 체력을 길러 둬야 나중에 공부량이 늘어날 때 버틸 수 있다' 등등. 대략 계산기를 두드려보니 다 가르치려면 100만 원이 훌쩍 넘는다. 한숨이 새어 나왔다. '사립 초등학교에 다니는 아이들은 스케이트도 배우고 악기도 하나씩은 다룬다던데….' '남들만큼 가르치지 않으면 우리 아이만 뒤처지는 건 아닌가?' '다들 뛰고 있는데 나만 걷고 있는 건 아닌가?' 불안해지기 시작했다.

아이 교육을 위해 한 달에 수백만 원대를 쓰는 경우는 전체의 3%도 안 되겠지만 상위 3%를 지켜보는 상위 30%는 이를 따라잡기 위해 안간힘을 쓰게 된다. 어느 엄마라도 집을 팔지언정 아이에 대한 지출을 줄이기는 쉽지 않으리라 짐작된다.

2012년 한국개발연구원[KDI]은 소득 분위별 사교육비와 수능 점수를 비교하며 발표했다. 안타깝게도 부자일수록 사교육비 지출액이 높았고 수능 점수도 높았다. 가장 가난한 1분위의 월 사교육비는 18만 7000원이었고 언어·수학·외국어 수능 표준점수는 94.7점이었다. 가장 부유한

10분위는 한 달에 92만 2000원을 사교육비로 지출했고 수능 표준점수는 105.8점이었다. 사교육비 지출이 높을수록 성적도 높게 나온다는 연구 결과를 보고 상대적 박탈감을 느끼지 않을 수 없었다.

…
'남의 아이는 뭘 배울까?'가 사교육의 기준

빡빡한 스케줄과 비싼 학원비 때문에 며칠째 고민하고 있는데 낮에 육아를 맡아주시는 양가 부모님들이 한마디씩 하셨다. "너도 학원 다니기 싫어했잖니." 이 한마디가 아니었으면 아마 지금 아이는 하루 종일 학원 '뺑뺑이'를 돌고 있을 것이다. '그래, 진정하자.' 피식 웃음이 나면서 미국에서 보낸 1년이 다시금 떠올랐다.

우리 식구가 지낸 곳은 미국 노스캐롤라이나 주의 채플힐이라는 작은 도시였다. 노스캐롤라이나 대학교 외에는 변변한 기업조차 찾기 힘든 조용한 소도시였다.

낮선 땅에 떨어진 우리 가족은 이방인이었다. 한국처럼 거미줄 같은 인간관계가 없다는 것에 자유로움을 느끼는 한편 어디 하나 비빌 데가 없다는 것에 외로움도 느꼈다. 아이는 이곳에서 킨더(kinder: 공교육에 포함된 유치원)에 다녔다. 처음 받아 온 가정 통신문의 암호 같은 글을 해독하는 일부터 학교에서 열리는 온갖 행사를 챙기는 일까지 시스템에 적응하는 데 꽤 시간이 걸렸다.

선생님한테 케이크라도 들고 가서 인사를 하고 싶어도 혹시 문화 차이로 실수를 하게 될까 봐 망설여졌다. '빽' 따위가 통할 리도 만무했다. 그저 아이를 믿고 기다리는 수밖에 없었다.

학교에 가기 싫단 말 안 하고 다니는 것만도 고마워서 '공부 잘해야 한다'는 말은 입 밖에 꺼내지도 않았다. 수업을 버거워하는 아이의 적응을 돕기 위해 영어 선생님을 부른 것 외에는 사교육에 관심도 두지 않았다. 반년이 지나자 'A, B, C'도 간신히 읽던 아이가 수업을 이해하고 친구를 사귀기 시작했다.

비단 나뿐만이 아니다. 이웃의 한국 엄마들도 모두 느긋했다. 미국에도 방과 후 축구 클럽에서 활동하는 아이를 차로 데려다주며 아이의 학습을 직접 지도하는 사커 *soccer mom* 맘이 많다. 그러나 초등학생이 중학교 과정을 공부하는 식의 선행 학습은 하지 않는다. 미국에서 만난 목동 엄마와 강남 엄마들은 학원 정보도 안 듣고 남의 아이는 뭘 배우나 듣지 않으니 마음이 편하다고 고백했다.

같은 아이다. 장소만 달라졌다. 그런데 다른 교육을 시켰던 것을 떠올려보면 결국 내 아이가 아니라 남의 아이를 기준 삼아 '교육 잘 시킨다'는 평가를 내렸던 셈이다. 맹목적인 경쟁으로 내 아이가 무엇을 원하는지, 무엇을 잘하는지 아예 잊고 살았다.

나의 삶을 남과 비교하다 보니 갈수록 퍽퍽해졌을 것이다. 남들만큼 아이를 가르치고 남들만큼 멋 부리고… 남을 기준으로 살다 보니 나는 행복하지 않았다. 내가 얼마를 가졌느냐보다 남이 얼마를 가졌느냐에 남을 기준으로 살다 보니 나는 행복하지 않았다.
내가 얼마를 가졌느냐보다 남이 얼마를 가졌느냐에 따라
행복의 수위가 결정되었다.

따라 행복의 수위가 결정되었다.

···
자녀 교육비 때문에 가난해지는 교육 빈곤층

매년 정부에서 발표하는 최저생계비 이하 수준인 절대적 빈곤율은 5.9%다. 중위 소득 50% 이하인 상대적 빈곤율은 11.7%다(2013년 기준, e-나라지표). 중위 소득은 총가구 중 소득순으로 순위를 매긴 후 정확히 한 가운데를 차지하는 가구의 소득을 말한다. 통계적으로 가난하다고 할 수 있는 국민은 10명 가운데 1명 정도란 의미다. 그러나 나머지 9명 역시 누군가와 비교하면 상대적 박탈감을 느낀다.

옛말 그른 것 없다더니 뱁새가 황새 따라가다 다리가 찢어지는 경우도 많다. 과도하게 사교육을 시키다 빚을 지게 되는 에듀푸어(edu-poor: 교육 빈곤층)는 한국만의 독특한 현상이다. 현대경제연구원에 따르면 소득이 낮은 편인데도 교육비를 많이 지출하는 에듀푸어가 전국적으로 82만 4000가구에 이른다. 이들은 월평균 소득이 일반 가구(433만 원)보다 적은 313만 원에 불과하지만 교육비 지출은 81만 원으로 오히려 일반 가구(58만 원)보다 많았다. 가난한 것이 아니라 소득의 3분의 1을 교육에 쏟아붓다 보니 가난해지는 것이다.

전체 가구로 봐도 사정은 마찬가지다. 우리나라 가구 평균치를 볼 때 전체 소득 중 자녀 학원비 비율은 2003년 4.0%에서 2013년 4.3%로, 전체

교육비 중 학원비 비율은 56.3%에서 62.5%로 증가했다. 학원비 금액만 비교하면 10만 5499원에서 17만 7074원으로 7만 원 이상 많아졌다.

기러기 아빠는 50만 명이다. 아내와 자식을 유학 보낸 기러기 아빠가 생활고에 지쳐, 외로움에 지쳐 극단적인 선택을 하는 경우도 종종 뉴스에서 접한다. 법원도 8년간 딸과 아내를 뒷바라지한 기러기 아빠의 이혼 청구를 받아들였다. 태권도 학원을 운영하던 54세의 기러기 아빠가 가족의 귀국을 바랐지만 부인이 돌아오지 않자 이혼을 선택한 것이다.

자녀의 성공이 노후를 보장해주는 시대가 있었다. 그런데 시대가 바뀌었다. 공부를 잘한다고 해서 성공하는 것도 아니요, 성장 속도가 느려진 사회에서 자식이 제 앞가림하기도 버거우니 부모를 돌볼 여력이 없다. 남들처럼 사교육을 시키다가는 자신의 길어진 수명을 감당하기 힘들다. 이런 암울한 미래가 예상되는데도 사교육에 대한 투자를 멈추지 못하는 것은 아마도 남이 다 하기 때문일 것이다. 자식 성공에 대한 부모의 갈망과 사교육 시장의 탐욕이 맞물리면서 멈추지 않는 질주가 계속되고 있다.

당신의
가족은
안녕하십니까?

우리 세대 아버지들은 늘 새벽에 출근해 밤늦게야 돌아왔다. 아이가 곤히 잠자고 있으면 까칠한 수염을 아이 볼에 마구 비벼댔다. 주말이면 아버지들은 밀린 잠을 잤다. 우리 집도 마찬가지여서 아버지가 깰까 봐 발꿈치를 들고 놀았다. 동생과 다퉈 큰 소리라도 나면 엄마한테 꿀밤을 맞기 일쑤였다. 앞집, 옆집, 뒷집 모두 그렇게 살았기에 아버지의 부재는 당연한 일이었다. 아버지는 늘 집을 비웠다.

그 시절엔 비록 단칸방에서 신혼살림을 차리더라도 20대 중반이면 결혼을 하고 아이를 낳았다. 없는 살림이지만 알뜰살뜰 살림을 꾸려가면 자식 둘은 키울 수 있었다. 부모와 자녀로 구성된 4인 가족은 가장 대표적인 가족 유형이었다. 그리고 '정상 가족'으로 불렸다.

최근에는 1인 가구가 정상 가족의 범주에 들어섰다. 1995년에는 4

인 가구가 31.7%로 가장 많았고 그다음이 3인 가구(20.3%) 순이었다. 15년 뒤인 2010년에는 2인 가구(24.3%)와 1인 가구(23.9%)가 비슷한 비율로 3인 가구와 4인 가구를 제쳤다. 통계청은 20년 후에는 1인 가구가 가장 대표적인 가구 유형이 될 것으로 내다봤다. 2035년엔 1인 가구가 34.3%로 가장 많아진다는 예측이다. 부부와 자녀로 구성된 가구 비중은 20.3%로 부부만 사는 가구(22.7%)에도 못 미칠 것으로 보인다.

결국 배우자가 있는 사람의 비율이 점차 줄어든다는 의미다. 고령화가 심화되면서 고령층에서 사별이 증가하는 탓도 있지만 청장년층이 결혼하지 않는 탓이 크다. 결혼정보회사 듀오의 2013년도 조사에 따르면 '내년에 결혼 가능성과 계획'을 묻는 질문에 20~30대 미혼 남성 10명 가운데 4명이 '결혼이 가능하지만 포기했다'고 응답했다고 한다. 이 조사 내용대로라면 현재 연인이 있고 그 연인과 결혼할 가능성이 있지만 경제적 상황 때문에 내년에는 결혼을 포기했다는 의미다.

…

1인 가구가 늘어나는 이유

왜 청년들은 결혼을 하지 않는 것일까? 앞선 조사에서 '결혼을 포기하겠다'고 답한 미혼 남성 가운데 34.2%는 경제적 문제가 이유였다. 직장 문제(27.9%), 현재 삶에 만족하기 때문(11.5%) 등이 뒤를 이었다. 직장 문제 역시 직장이 안정적이지 않거나 취업을 하지 못했다는 의미이므로 경제적 문제라고 짐작할 수 있다.

결혼뿐 아니라 임신과 출산 계획에 대한 질문에도 '가능하지만 포기했다'는 응답(남 39.1%, 여 47.4%)이 남녀 모두에서 가장 많았다. 결혼도 하기 전에 임신과 출산을 포기하는 이유로는 역시 경제적 부담(남 37.9%, 여 49.9%)을 가장 많이 꼽았다.

통계로 봐도 1~2인 가구는 가난하다. 통계청의 '2014 가계 금융·복지 조사' 결과에 따르면 1인 가구의 빈곤율은 51.8%로 절반을 넘었다. 또 2인 가구의 빈곤율은 33.4%로 3명 중 1명이 빈곤층이다. 이는 4인 가구 이상의 빈곤율인 8.4%의 4배에 이른다. 빈곤율은 1년 가구 소득이 1118만 원(중위 소득의 50% 미만)에 이르지 못하는 경우를 말한다. 가족을 이룬다는 건 어느 정도 경제력이 담보되어야 한다는 뜻이다.

사실 어느 세대나 이제 막 사회생활을 시작하는 청년들의 살림이 넉넉할 리는 없다. 객관적으로 보자면 우리 부모 세대가 더 가난했다. 그런데 부모 세대는 결혼을 했고 요즘 세대는 굳이 결혼을 하지 않는다. 차이는 명백하다. 바로 미래를 낙관적으로 보느냐 비관적으로 보느냐는 것이다. 미래를 꿈꿀 수 없는데 누군가를 부양해야 하는 짐을 기꺼이 지기는 어렵다. 취업을 못하니 결혼을 못하고 결혼을 못하니 출산을 할 수 없는 것이다. 고성장 시대에서 저성장 시대로 들어서면서 사회·경제적 조건에 따라 가치관이 변화한 것으로 풀이된다.

우리나라 15세 이상 인구 중 결혼을 한 번도 한 적 없는 미혼자의 비율은 38.99%로 OECD 34개국 중 칠레에 이어 2위다. 연애, 결혼, 출산이 주는 기쁨이 미래에 대한 불안감을 상쇄하지 못하기 때문에 '삼포세대' 는 계속 늘어날 것이다.

단칸방에서 신혼살림을 차리고 아이를 키웠다는 어른들은 돈이 없어서 결혼을 못 하겠다는 청년층을 보며 혀를 끌끌 찰지도 모른다. 고성장 시대에는 어렵게 시작하더라도 허리띠 졸라매면 집을 사고 아이를 키울 수 있었다. 저성장 시대에는 이런 꿈을 꾸기 어렵다. 이 때문에 중산층이라면 적어도 같은 중산층이나 좀 더 높은 계층과 결혼하려고 할 것이다. 경제적으로 튼실하게 시작하지 않으면 지금의 계급을 유지하기 힘들 테니까. 월급은 오르지 않고, 일자리는 불안정하고, 월세나 전세로 집을 옮겨 다니는 요즘같이 미래가 불투명한 시대에 혹여 사랑에 눈이 멀어 결혼을 했다가는 하루 벌어 하루 먹기도 바빠질지 모른다. 자칫하면 자식에게 가난을 대물림할 수도 있다. 지금의 청년층이 특별히 물질적인 가치관을 가졌다기보다 시대에 적응하기 위한 합리적인 선택이라 이해해야 할 것이다.

…

가족과 보내는 시간을 늘릴 수는 없을까?

삶이 퍽퍽하다 보니 낭만이 사라졌다. 결혼은 갈수록 도구화한다. 일종의 재테크로 기능한다는 냉소적인 시각도 나온다.

유대는 사라지고 기능만 남은 우리 주변의 가족들은 이런 절박함을

고성장 시대에는

어렵게 시작하더라도 허리띠 졸라매면

집을 사고 아이를 키울 수 있었다.

저성장 시대에는 이런 꿈을 꾸기 어렵다.

보여준다. 부부간에는 사랑 대신 역할만 남는다. 엄마 역할, 직원 역할, 학부모 역할, 가정교사 역할… 수도 없이 많다. 경제적 도구로 기능하는 가족 안에서 건강한 관계가 이루어지기는 힘들다. 함께 모여 살지만 진정한 의미의 가족이 아니라고 보는 전문가도 있다. 서로 제 기능을 하지 못하면 같이 살기가 불편해진다. 노인들도 자녀와 사는 것을 부담스러워하고 자녀들도 부모와의 동거를 달가워하지 않는다. 의사, 변호사 등 '사' 자 붙은 직업만 아이를 셋 낳을 수 있다든지, 재벌 정도는 되어야 자식 내외와 함께 살 수 있다는 농담 섞인 말은 경제적 집합으로서의 가족을 설명하는 좋은 예다.

건강한 가족이 되려면 가족이 함께 시간을 나누는 것이 첫 번째다. 부부는 대화를 나눌 시간이 필요하고, 자식과는 정을 쌓을 시간이 필요하고, 노부모를 돌볼 시간이 필요하다.

그런데 우리는 시간을 모두 돈 버는 데 쓴다. 대신 자식 교육을, 부모에 대한 효도를, 부부의 대화를 돈으로 사려고 한다. 찬찬히 돌아보면 무언가 잘못되었다는 느낌이 든다. '단순하게 살자'는 것은 단지 소비를 줄이자는 것이 아니다. 소비를 위해 노동시간을 늘리는 대신 소비를 줄이고 가족과 보낼 시간을 찾자는 것이다.

우리 정부도 '8시 출근, 5시 퇴근'이라는 획기적인 정책을 추진한 적이 있다. 야근을 위한 야근을 없애고 가족에게 가장을 돌려준다는 발상은 참신했다. 그러나 5시에 퇴근하는 강심장 공무원은 없었고 퇴근 후 회식 자리까지 규제할 수는 없었다. 한국의 노동 문화에서 이 정책은 뿌리내리지 못하고 결국 사라졌다.

〈뉴욕 타임스〉 기자 조디 캔터Jodi Kantor는 그의 저서《오바마 가족The Obamas》에서 미국 대통령 오바마는 저녁 6시 30분에 집에서 가족과 저녁을 먹는 게 일관된 원칙으로 일주일에 두 번 이상은 어기지 않는다고 했다. 일주일에 다섯 번은 가족과 저녁을 먹는다는 이야기다. 오바마는 상원 의원으로 당선되었을 때도 가족과 함께 살기 위해 시카고에서 워싱턴 DC까지 비행기로 1시간 30분 거리를 출퇴근할 정도로 가족과 시간을 보내는 데 헌신적이었다. 미국 대통령보다 바쁜 사람이 어디 그리 흔할까.

오랫동안 말기 환자를 돌봤던 호주의 간호사 브로니 웨어Bronni Ware가 펴낸 책《내가 원하는 삶을 살았더라면》(피플트리, 2013)을 보면 죽음을 앞둔 사람들에겐 다섯 가지 공통된 후회가 있다. 첫 번째는 남들이 나에게 기대하는 인생이 아닌 나 자신에게 솔직한 인생을 살지 못했다는 것이다. 남의 시선을 의식하느라 정말 내가 하고 싶은 일을 하지 못했다는 안타까움이다. 두 번째는 그렇게 힘들게 일할 필요가 없었다는 것이다. 자식의 어린 시절을 보지 못했고 배우자와의 관계는 망가졌다. 나머지는 '감정을 표현할 용기가 있었더라면' '친구들과 계속 연락하고 지냈더라면' '나 자신에게 더 많은 행복을 허락했더라면' 하는 후회였다.

마지막 순간에 나도 같은 후회를 하지 않을까 몹시 뜨끔했다. 대출금을 갚기 위해 꼬박꼬박 월급을 받으려면 남들보다 열심히 일해야 한다. 집에 돌아가면 아이는 자고 있다. 사랑한다는 마음을 표현할 틈도, 분노를 표현할 틈도 없다. 친구 얼굴을 본 지가 언제인지 모르겠다. 이런 일상을 더 나은 자신, 더 나은 미래를 위한 과정이라고 위안한다.

우리는 남의 기준에 맞추어 소비하기 위해 쉬지 않고 일한다. '성취' 같은 가짜 행복을 진짜 행복이라고 믿고 산다. 매일 후회할 일만 하고 있다면 이제 삶의 방식을 바꿔야 할 때인 것 같다.

우리는 남의 기준에 맞추어 소비하기 위해 쉬지 않고 일한다.

‘성취’ 같은 가짜 행복을 진짜 행복이라고 믿고 산다.

매일 후회할 일만 하고 있다면

이제 삶의 방식을 바꿔야 할 때인 것 같다.

2장

저성장 시대 생존법
심플 라이프

: 저성장 시대를 읽다

우리나라보다 앞서 저성장을 경험한 나라에서는 이미 변화가 시작됐다. 자발적 가난을 경험하고, 물건을 소유하는 대신 빌려 쓰는 것을 택하며, 느리게 살기를 즐긴다. 남에게 보이는 것보다 내가 느끼는 만족을 더 중요하게 여긴다. 성공이나 성취보다 성숙을 추구하는 삶이다.

자발적
가난을
누리다

경제 발전은 '어느 정도까지만' 건강하다.

삶의 복잡함도 오직 '어느 정도까지만' 허용 가능하다.

효율성과 생산성에 대한 추구도 오직 '어느 정도까지만' 좋다.

재생 불가능한 자원의 사용도 오직 '어느 정도까지만' 현명하다.

전문성도 인간의 고결함과 오직 '어느 정도까지만' 양립 가능하다.

상식을 '과학적 방법'으로 대신하는 것도 오직 '어느 정도까지만' 참을
만하다.

미국 컬럼비아 대학교 경제학 교수였던 에른스트 슈마허 Ernst Schumacher
의 저서 《자발적 가난》(그물코, 2010)의 머리말에 나오는 글이다. 세계적
석학 슈마허는 물신주의에 대해 '어느 정도까지만' 참을 수 있다는 명언

을 남겼다. 약 50년 후 그의 말이 틀리지 않았음이 밝혀졌다.

2011년 9월 17일 뉴욕 월가 부근의 주코티 공원에 200여 명의 시민이 모였다. 이들은 '월가 점거 시위'를 시작했는데 이유는 부의 불평등이었다. 포스터에는 월가를 상징하는 황소 동상 위에 올라선 무용수가 "우리의 단 한 가지 요구는 무엇인가?What is our one demand?"라고 묻고 있다.

사실 이들의 시위는 공원에서 마치 장난같이 시작되었다. 하지만 같은 해 10월 노동단체, 학생, 유명인, 정치인 등의 지지가 이어졌고 "워싱턴DC를 점령하라" "시카고를 점령하라" 등의 구호와 함께 주요 도시로 시위가 확산되었다. 이들은 부의 불평등을 만든 주범으로 금융권과 정치권을 지목했고 "99%의 사람들은 1%가 저지르는 탐욕을 봐주지 않을 것"이라는 구호를 외쳤다. 헤지 펀드나 뱅크 오브 아메리카, JP 모건, 머독 그룹 등 주요 금융회사와 기업의 CEO들이 2008년 금융 위기 이후에도 천문학적인 연봉을 받아 가고 있다는 사실이 알려졌기 때문이다. 노벨 경제학자 조지프 스티글리츠Joseph Stiglitz 컬럼비아 대학교 교수가 시위대를 방문해 연설했으며 연예인, 영화감독, 교수 등도 동조했다. 2011년 10월 6일에는 오바마 대통령이 시위대에 공감한다는 발언을 했다.

반월가 시위는 이후 세계로 확산되었다. 같은 해 10월 15일 미국, 캐나다, 이탈리아, 독일, 프랑스, 벨기에, 일본, 대만, 홍콩, 호주, 뉴질랜드, 한국 등 전 세계 82개국 1000여 개 도시에서 시위가 열렸다.

3개월간 반월가 시위는 부를 독점한 부자와 금융사의 탐욕, 정부와 의회의 방조 등을 비판하며 뜨겁게 타올랐다. 이후 서서히 사그라들었다.

이들이 주장한 요구가 해결됐기 때문은 아니었다. 세상을 바꿀 만한 조직과 자본이 없었던 것이다.

자발적 가난은 행복의 원천

반월가 시위는 세상을 바꾸지는 못했지만 변화를 일으킨 것이 분명해 보인다. 미국인들은 거대 은행의 통장 계좌를 해지하고 동네 협동조합으로 옮겼다. 거대 은행들은 소비자에게 불리한 규정을 고치고 정부는 헤지 펀드에 대한 감독을 강화했다. 차갑고 냉정한 얼굴을 한 자본주의가 살짝 고개를 숙이는 것처럼 보였다. 함께 잘사는 경제에 대한 관심이 증가하기 시작했고, 그 방법은 부자의 부를 나누거나 가난한 자의 복지를 늘리는 것이었다.

개인도 변하기 시작했다. 부익부 빈익빈의 해법으로 자발적 가난이 다시 등장했다. 사실 '자발적 가난'이 새로운 개념은 아니다. 대중화되거나 세상을 지배하는 가치는 아니었지만 선각자들에 의해 가난은 늘 칭송받았다.《자발적 가난》에는 시공간을 떠나 자발적 가난을 실천하고자 했던 사례들이 등장한다.

헨리 데이비드 소로 Henry David Thoreau는 "자발적 가난을 통해 우리는 더할 나위 없이 공정하고 지혜로운 삶의 관조자가 될 수 있다"라고 말했고 톨스토이 Leo Tolstoy는 "우리는 '가난'과 '재앙'을 동의어로 여기는 경향이

삶의 진정한 알맹이는

필요를 확장하는 것이 아니라

그것을 신중하고 자발적으로 포기하는 데 달려 있다.

있지만 사실 가난은 행복의 원천"이라고 했다. 간디Mahatma Gandhi는 "근
본적인 문명화라는 삶의 진정한 알맹이는 필요를 확장하는 것이 아니라
그것을 신중하고 자발적으로 포기하는 데 달려 있다"라고 읊었다. 동서
고금을 막론하고 부보다 가난을 칭송해왔다.

자발적 가난은 물질에 대한 멸시, 부에 대한 폄훼가 아니다. 오히려 적
당한 부가 없다면 자발적 가난을 실현할 수조차 없다. 자발적 가난은 마
르쿠스 아우렐리우스의 말처럼 '그것을 놓아줄 준비가 된 후에 거만하
지 않게 부와 번영을 받아들일 수 있는 능력'을 뜻하는 것이다.

이런 의미에서 생존이 힘든 사회적 약자에게 자발적 가난을 실천하라
고 요구해서는 안 된다. 이들은 복지를 통해 어느 정도 의식주를 해결해
야 한다. 자발적 가난으로 가장 많은 기여를 할 수 있는 계층은 '슈퍼리
치'다. 기술과 과학, 경제의 발달로 과거의 중산층에 비해 풍요로움을 누
리는 수준이 크게 높아졌기 때문에 중산층의 참여도 중요하다.

…

평범한 이들이 실천할 수 있는 자발적 가난

헨리 데이비드 소로의 《월든Wolden》이나 헬렌 니어링Helen Nearing과 스
콧 니어링Scott Nearing 부부의 《조화로운 삶》(보리, 2000)같은 책이 베스트
셀러가 되고 끊임없이 회자되는 것은 자발적 가난에 대한 세상의 관심
을 나타낸다. 하지만 모든 사람이 이런 극단적인 실험을 할 수는 없고 할

필요도 없다. 주위에 병원과 마트가 있는 환경에서 전원생활을 하길 원하는 것은 전혀 이치에 어긋나는 일이 아니다. 사실 자연을 택한 현자들도 우리가 자신과 같은 극단적 실험을 할 것이라고 기대하지 않았다. 상황에 맞게 자발적 가난을 실천하면 되고, 스스로 용인할 만큼, 즐거울 만큼의 실천이면 족하다.

보통 사람이 미국 매사추세츠 주 콩코드의 월든 호수에서 사회와 단절한 채 2년 2개월을 보낸 소로와 같은 생활을 한다면 단조로운 삶의 즐거움을 누리기는커녕 불편함을 참느라 시간만 낭비할지도 모른다.

현대식 자발적 가난은 어떤 모습일까? 독일의 몰락한 귀족 알렉산더 폰 쉰부르크 Alexander von Schönburg는 그의 저서 《우아하게 가난해지는 법》(필로소픽, 2013)에서 가난을 즐기라고 권한다. 그는 경제 불황 시대에 재산 없이도 품위 있게 인간다운 삶을 유지할 수 있는 방법을 제시했다. 삶의 군더더기, 불필요한 것을 포기하고 자신에게 진정으로 소중한 것을 인식하고 집중적으로 즐길 때 기쁨이 극대화된다는 것. 그는 독일 영주의 자손으로 백작 칭호를 가진 현직 기자이다. 갑작스러운 실직으로 가난해지면서 가난을 즐기는 법을 연구하게 된다. 비싼 식당이 아닌 집에 친구를 초대해 저녁을 먹고, 피트니스 센터 대신 동네를 뛰면서 운동한다. 돈을 쓰거나 쓰지 않는 차이는 있지만 식사나 운동을 통한 궁극적인 즐거움에는 동등한 가치가 있다. 돈이 없어진 순간 사람의 진짜 가치가 드러났다. 그는 "가진 것보다 덜 원하면 부자이고, 가진 것보다 더 원하면 가난하다"라고 단언했다.

영국 작가 닐 부어맨Neil Boorman도 현대적 의미의 자발적 가난의 실천가다. 그는 《나는 왜 루이비통을 불태웠는가》(미래의 창, 2007)라는 책을 썼는데 실제 자신의 명품 브랜드 제품을 모두 화형에 처해 주목받았다. 자신을 '세심하게 선택한 브랜드 덩어리'였다고 평가한 그는, 사람들은 자신이 사용하는 물건의 브랜드를 통해 남들이 자신의 직업, 교우 관계, 출신 배경 등을 가늠하길 바란다고 했다. 그는 이후 브랜드와 결별했다. 소박한 삶이란 소비라는 행위로부터 무언가를 덜 기대하기만 하면 되는 것이라고 정의했다. 기본적인 생계나 유흥조차 포기하라는 뜻이 아니고 소비를 전적으로 근절하라는 뜻도 아니라는 것이다. 우리가 구입하는 물건은 우리에게 별다른 즐거움을 줄 필요도, 값비쌀 필요도, 그렇다고 딱히 보기 좋아야 할 필요도 없고 차라리 그만 못한 것이 낫다고 평가한다. 브랜드는 부가가치를 의미한다. 신발을 만드는 비용과 판매 가격 간의 차이인 이윤이 커지는 것을 뜻한다. 브랜드는 물건의 본질을 소비하는 데 장애물인 셈이다.

한국도 새로운 변화가 시작됐다. 취재를 위해 만난 최 모 씨는 충남에서 유기농 농사를 짓고 있었다. 서울에서 오랫동안 교육 공무원 생활을 했던 그는 은퇴한 뒤 봄과 여름에는 콩을 심고 가을이면 배추, 겨울에는 마늘과 양파 농사를 지었다. 월 소득은 100만 원 선으로 직장 생활할 때보다 훨씬 적지만 자연을 즐기며 건강하게 살고 있다고 했다. 서울에서 그의 별명은 배가 불뚝하다고 해서 '금복주'였다. 이제는 여름이면 에어컨 바람 대신 산들바람을 맞고, 기름진 저녁 회식 대신 야채와 과일을 먹는다. 배는 쑥 들어갔고 얼굴에 화색이 돈다. 그는 '돈 벌려는 욕심을 버리니 삶이 평온해졌다'고 말했다.

새우젓을 팔아 1억 원의 장학금을 기부하는 할머니들 역시 자발적 가난의 본질을 알고 있다. 흔히 이런 행위를 자선이라고 여기지만 자선이나 희생 이상의 무언가가 있다. '그냥'이라면서 거액을 쾌척하는 이유는 자발적 가난과 일맥상통한다. 힘들게 벌어 모은 돈으로 물건을 소유하는 '부유한 빈자'보다 가치 있는 일에 쓰는 '가난한 부자'를 선택한 것이다. 일을 그만두면 몸이 근질거리고 그냥 일을 하는 게 좋다는 촌스러운 표현은 이런 철학을 담고 있을 게다.

평범한 사람도 소극적인 방식으로 얼마든지 자발적 가난에 동참할 수 있다. 자동차 10부제에 동참하고 1년에 한 번 10분 불 끄기에 동참하는 작은 실천이라도 좋다. 10분 불 끄기에 동참해 삶이 10분 더 단조로워지고 세상으로부터 10분간의 자유를 얻을 수도 있다.

자발적 가난은 자본주의를 부정하는 것이 아니다. 부의 격차가 커지고 물신주의가 팽배할 때 자본주의를 수정하고 보정하는 방향으로 작용하고 있다. 파괴가 아니라 교정 역할을 하는 것이다. 그래서 자발적 가난은 교육을 중요시한다. 어릴 때의 교육에 따라 가난의 즐거움을 적극적으로 받아들일 수도, 반대로 끝까지 외면할 수도 있다. 미국 철학자 랄프 왈도 에머슨Ralph Waldo Emerson은 다음과 같이 말했다.

우리는 아이들의 놀이방을 온갖 인형과 장난감으로 채움으로써 아이들의 진짜 장난감이 되어야 할 해와 달, 동물, 물과 돌 같은 풍부한 자연으로부터 아이들의 시선을 차단하고 있다.

세계에 부는 자연주의 교육이나 대안 교육 등의 열풍은 자발적 가난의 트렌드를 보여주는 좋은 증거다. 가정에서 아이에게 모범을 보이거나 교훈을 전해주는 방법도 있다. 아프리카에 보내는 작은 성금에서, 물을 아끼는 모습에서, 백화점 대신 재래시장을 찾는 모습에서, 허황된 부자의 꿈보다 현명한 가난함을 택하는 순간에 말이다.

시간과의 화해
슬로 라이프

내가 경험한 여행은 늘 이런 식이었다. 교통 체증을 피하려고 새벽 5시에 일어나 고속도로를 타고 경주시에 간다. 호텔에 짐을 내려놓자마자 빠르게 불국사 등 문화유적지를 돌아본다. 다음 날 새벽 5시에 일어나 석굴암을 보러 토함산을 오르기 시작한다. 아침에 뜨는 해를 보고 뿌듯함을 느끼면서 다음 관광지로 직행한다. 맛집으로 유명한 식당에서 식사를 해야 하고 혹시 사진을 찍지 못한 관광지가 있을까 불안해한다. 현업보다 바쁘게 휴가를 보낸 후 뿌듯한 마음으로 귀경길에 오르지만 정작 몸과 마음은 더 피곤해진다. 한창 경제개발 시기여서 그랬는지 휴가마저도 여유가 없었다. 가족과 교감을 했는지, 자연은 느껴 봤는지, 빽빽한 일정표밖에 기억이 나지 않는다.

3년 전 아이 방학을 맞아 찾은 미국 사우스캐롤라이나 주 머틀비치의 풍경은 충격이었다. 해가 저물기 전 도착하기 위해 속도위반으로 범칙금까지 물면서 달려간 해변 풍경은 한국의 여느 해변과는 달랐다. 사람들은 아무 말 없이 바다를 향한 간이 의자에 앉아 있었다. 남자들 손에는 맥주 한 병이 들려 있고, 낚싯대는 저 혼자 고기를 낚고 있었다. 한쪽에서는 바비큐가 한창이었는데 네 식구가 올린 것이라고는 소시지 4개가 전부였다. 소시지를 빵에 넣어 간단히 식사를 하고는 다시 먼 바다를 바라보는 식이었다. 나는 이런 유형의 휴가를 '멍 때리기'라고 불렀는데, 실제 그들이 멍 때리고 있어서도 그랬고, 나를 멍 때리게 하는 낯선 모습 때문이기도 했다.

그로부터 2년 후인 2014년 10월 27일 서울시는 진지하게 '멍 때리기 대회'를 열었다. 이런 시간이 스트레스에서 멀리 떨어지게 하는 방법임은 분명하다. 이 대회에는 50명이 참가했는데 아홉 살 소녀가 어른들을 제치고 1등을 했다. 심박 측정기를 달고 안정적인 심장박동을 기록한 사람이 1등이라니, 스트레스에 찌든 어른들이 아이를 이길 가능성은 처음부터 없었을지 모른다.

역설적이지만 패스트푸드의 나라 미국에서 나는 슬로 라이프를 배웠다. 여행을 가면 각 도시에서 보통 1년에 일주일씩 열리는 '레스토랑 위크'를 찾아다녔다. 평소 1인당 100달러 가까이 하는 정찬을 30~35달러에 제공하기 때문에 서민들이 좋은 음식을 맛볼 수 있는 기회였다. 유명 레스토랑은 음식이 나올 때까지 족히 30분은 걸렸다. 주문을 받은 뒤 정성껏 조리해주는 음식을 기다리는 인내가 필요했다. 맛을 잘 모르더라도 좋은 재료를, 천천히, 정성껏 마련해준 요리는 행복한 포만감을 주었다. 어머니가 해주던 집 밥의 '느림의 미학' 같은 것이었다.

미국 생활에서 음식을 직접 해 먹는 일은 맞벌이 부부인 우리에게 새로운 도전이었다. 대부분의 맞벌이 부부가 그렇듯 우리 역시 부모님이 해주는 반찬이나 반찬 가게 반찬으로 때웠기 때문이다. 그러나 슬로 라이프의 의미와 기쁨을 알게 되면서 외식을 자제하고 직접 음식을 해 먹는다는 원칙을 정했다. 거창한 요리에 도전한 것은 아니다. 오히려 간소한 메뉴를 즐겼다. 양파, 가지, 피망, 당근 등을 미리 깨끗이 손질해 잘 보관해두었다가 필요할 때마다 꺼내 간장, 소금, 고추장 등 양념만 달리해 볶아 먹었다. 같은 재료로 찌개, 샐러드, 커리를 만들어 먹기도 했다. 그래도 손이 더뎌서 조리 시간은 기본 한 시간이 걸렸다. 그렇게 1년간 생활을 한 이후 몸무게는 적당히 빠지고 크게 아픈 적이 없으니 집 밥의 덕을 본 게 아닌가 싶다.

노스캐롤라이나 주의 주도인 롤리에서는 한 달에 두 번씩 토요일에 '파머스 마켓'이 열렸다. 생산자는 밭을 통째로 팔아치우는 것보다 소매로 팔면 이윤을 많이 남길 수 있고, 소비자 입장에서도 신선한 제품을 더 싸게 살 수 있다는 장점이 있다. 아침 9시면 이미 사람들로 붐비기 시작했다. 농산물 품목은 우리나라 시장과 비슷한데 근처 농가에서 만든 치즈나 와인, 벌꿀, 꽃도 있었다.

소규모 농사꾼도 제법 있었다. 주된 직업은 따로 있고, 부업으로 집 앞에서 직접 기른 농산물을 파는 사람들이다. 패스트푸드나 반조리 식품이 발달했음에도 마켓은 싱싱한 식자재를 사러 나온 주부들로 붐볐다.

…

슬로 라이프의 선구자들

부탄의 젊은 국왕 지그메 싱기에 왕추크Jigme Singve Wangchuck는 슬로 라이프의 선구자다. 1976년 17세였던 그는 GNP(국민총생산)보다 GNH(국민총행복)가 더 중요하다고 주장했다. 또 정책으로 입안하기에는 막연한 개념인 GNH를 정립하고 입법화했다. 무료 교육과 무료 진료를 도입하고, 세계 유일의 금연 국가를 만들었으며, 녹지율이 줄기는커녕 늘어난 국가가 되었다. 이후 GNP보다 GNH가 더 중요하다는 개념은 하나의 이론이 되었다. 1인당 국민소득이 2000달러로 우리나라의 10%에 불과한 부탄은 여전히 행복 지수 최상위권 국가다.

슬로 라이프에 대해 나에게 가장 큰 영향을 미친 이는 쓰지 신이치다. 문화인류학자이자 환경 운동가로 슬로 라이프라는 모호한 개념을 명쾌하게 정리한 인물이다. 그는 저서 《슬로 라이프》(디자인하우스, 2005)에서 어디서부터 느린 삶을 시작하는 것이 좋으냐는 기본적인 질문에 '걷기'라고 답한다. 산책(散策)이다. 흩어질 산(散), 지팡이 책(策)이라는 한자를 쓰는 산책은 한마디로 목적 없이 걷는 것이다. 효율적이고 빨라야 한다는 따위의 목표는 없다. 산책은 누구나 어디서나 즐길 수 있다. 그는 '슬로'라는 말을 삶의 모든 행위에 붙인다. 슬로 푸드, 슬로 러브, 슬로 머니,

슬로 워터, 슬로 타운, 슬로 폴리틱스, 슬로 카페…. 슬로 라이프의 실천이 거창하고 복잡해지는 순간 더 이상 슬로 라이프가 아니다. 작고 가볍고 간단한 실행 방식이라면 슬로 라이프가 될 수 있다.

…

없는 것을 애달파하기보다 있는 것을 찾아나가는 삶

'슬로'라는 단어를 이해하려면 시간을 이해해야 한다. 지구가 살아온 시간, 물이 살아온 시간, 나무가 사는 시간, 곤충이 사는 시간이 모두 다르다. 일정한 시간 동안 존재하는 사람은 모든 자원을 빌려 쓰는 것이다. 에른스트 슈마허는 사람들이 저지르는 오류 중 하나가 '생산할 수 있다'는 확신이라고 말했다. 사람들은 촉진제, 유전자 변형 등을 이용해 빠르게, 많이 생산하려고 하는데 그보다는 기다리는 법을 배워야 한다는 것이다. 과일이 익을 때까지, 물고기가 클 때까지, 쌀이 영글 때까지 기다리는 것이 최고의 식자재를 얻는 방법이다. 이런 의미에서 우리는 생산하는 자가 아니라 기다리는 자다.

느림^{slow}, 작음^{small}, 지속성^{sustainable}을 지향하는 국제 슬로시티 공동체 '치타슬로^{Cittaslow}'가 1999년에 출범했다. 치타슬로의 철학은 성장이 아닌 성숙, 삶의 속도가 아닌 깊이와 품위를 추구하고 존중하는 것이다.

2014년 기준으로 29개국 189개 도시가 치타슬로 회원이다. 우리나라는 담양, 신안, 하동, 완도, 예산, 남양주, 전주, 청송, 상주, 영월, 제천 등

과일이 익을 때까지,

물고기가 클 때까지,

쌀이 영글 때까지 기다리는 것이

최고의 식자재를 얻는 방법이다.

이런 의미에서 우리는 생산하는 자가 아니라

기다리는 자다.

11개 시가 가입했다. 치타슬로 선언문을 보면 지향하는 바가 명확하게 나타나 있다.

시간의 의미를 되찾은

상상력을 가진 사람들

여기 생명이 살아 숨 쉬는 고장.

마당, 극장, 공방, 다방, 식당

영혼이 깃든 풍요로운 장소들

이곳에 온화한 풍경과 숙련된 장인들이 사는 고장

자비로운 계절의 변화가 주는 아름다움

향토 음식의 맛과 영양

의식의 자발성을 존경하고

여전히 느림을 알며 전통을 존경하는 고장….

오랫동안 낙후됐던 일본의 도호쿠 지방은 대표적인 슬로시티다. 도호쿠 지방은 늘 도쿄와 비교해가면서 부족한 것을 채우고 미래를 개척하려고 애썼다. 그럴수록 부족한 기반 시설, 재원 등이 문제가 되었다. 마스다 히로야 도호쿠 지사는 발상을 전환하여 '분발하지 않기 선언'을 제안했다. 이 선언에는 부족한 기반 시설과 재원을 마련하기 위해 노력하기보다 부족한 것을 지키자는 의미가 담겨 있다. 없는 것을 애달파하기보다 있는 것을 찾기로 한 것이다. 댐 건설을 포기하고 오히려 도시화를 늦췄다. 그러자 숲 속의 메밀국숫집에 사람들이 줄을 서기 시작했고 관광객이 늘었다. 슬로시티로의 전환이 새로운 경제를 선사한 셈이다.

...
해야 할 일로 꽉 찬 인생에서 하지 않을 일을 정리해볼 것

'슬로'는 전통 자본주의 경제학과는 부합하지 않는 개념이다. 자본주의 사회에서 성공하려면 한정된 시간 안에 빨리, 많은 것을 소유해야 한다. 샌드위치 한 입 베어 물고 밤낮으로 일하면서도 남보다 뒤처질까 불안해한다. 이런 식의 불안은 도시를 움직이는 힘이다.

도시에 살면서, 자본주의 세계에서 이런 불안에서 완전하게 벗어나기는 어렵다. 박민규 작가가 소설《삼미 슈퍼스타즈의 마지막 팬클럽》에서 그렸듯이 치기 힘든 공은 치지 않고 잡기 힘든 공은 잡지 않는 게임을 즐길 수 있는 여유를 잠시라도 누리고 싶을 뿐이다.

쓰지 신이치는 그의 저서《슬로 라이프를 위한 슬로 플랜》(문학동네, 2012)에서 '해야 할 일'로 꽉 차 있는 인생에서 하고 싶은 일과 하지 않을 일을 정리해보라고 조언한다. 인생에서 하고 싶은 일은 버킷 리스트와 유사하다고 했다. 영화 〈버킷 리스트〉에서 주인공들은 죽기 전 6개월간 장엄한 경치 보기, 스카이다이빙, 머스탱 여행 등을 실행한다. 모두 하고 싶었지만 해야 할 일 때문에 미뤄뒀던 일들이다.

또 그는 노자의《도덕경》에 나온 '하지 않을 일 리스트'를 소개했다.

버스나 전철 급히 타지 않기

화장실에서의 시간을 소중히 여기기

내일 할 수 있는 일은 오늘 하지 않기

세상 사람들은 머리를 너무 많이 쓰려 한다. 머리 쓰는 일을 그만두고 자기 내면의 균형을 잡도록 하라.(20장)

다른 사람을 앞질러 큰 걸음으로 걷는 사람은 결국엔 멀리 가지 못한다.(24장)

무엇을 취하고 무엇을 버릴 것인가 고민하지 말라. 좋은 것만을 취하려 고민하지 말라.(27장)

타인의 것을 탐하는 것이 죄를 짓게 되는 가장 큰 원인이다.(46장)

눈과 귀와 입을 너무 많이 쓰지 말라. 눈과 귀와 입이 예민하게 반응하는 것을 오히려 제한하려 노력하라.(56장)

약삭빠르게 앞서나가는 것을 억제하고, 세상에서 먼지나 쓰레기 취급 받는 것과 동일시되는 한이 있더라도 초연하라.(56장)

맞서거나 다투지 않는 것도 힘이다. 맞서거나 다투지 않는 힘으로 사람을 대할 때야말로 사람들의 에너지가 가장 잘 흘러간다.(68장)

쓰지 신이치는 하고 싶은 일과 하지 않을 일을 구분한 다음에는 실생활에 적용할 수 있는 슬로 플랜도 제안했다. 예를 들어 버스나 전철 급히 타지 않기, 화장실에서의 시간을 소중히 여기기, 내일 할 수 있는 일은 오늘 하지 않기 등이다. 별거 아닌 것처럼 보이지만 이런 작은 시작을 통해 '지금 이 순간'을 즐기게 되고 그것이 쌓여 행복이 된다는 것이 그가 슬로 플랜을 제안하는 이유다.

마을에서
답을 찾다

한국은 압축 성장 과정에서 도시화가 빠르게 진행됐다. 세대 간 경험의 격차가 클 수밖에 없다. 나는 어릴 적 서울 동작구 신대방동의 한 아파트에서 살았다. 당시 아파트는 최신 주거 시설이었지만 주변 환경은 시골 동네 같은 정겨움이 남아 있었다.

봄이면 탐험을 나간다면서 동네 뒷동산에 올라 뛰어다녔다. 여름에는 공군사관학교 수영장(현재 보라매공원)에 가고 싶어 공군 아버지를 둔 친구를 따라 우르르 몰려다녔다. 엄마가 간식 사 먹으라고 준 돈 200원을 오락실에서 날리곤 터덜터덜 집까지 걸어왔다. 가을에는 동네 뒷동산에서 밤나무에 닥치는 대로 돌을 던져 밤을 따려다 지나가던 아저씨들에게 야단을 맞곤 했다. 겨울에는 골목에 버린 연탄재를 모아 높이 쌓은 뒤 눈으로 덮어 성을 만들고는 엄마가 밥 먹으러 들어오라고 고래고래 소리 지를 때까지 눈싸움을 했다.

팽이치기, 딱지치기에 해 떨어지는 줄 몰랐고, 야구 선수 최동원처럼 되겠다고 벽에 공을 던지며 뛰어다니느라 새 운동화가 해지는지도 몰랐다. 매일 싸움이 끊이지 않았고 서로 화해하는 머쓱한 분위기도 쉽게 볼 수 있었다. 시끌벅적하던 아이들은 어른이라도 한 명 지나가면 한목소리로 동네가 떠나갈 듯 인사했다. "안녕하세요!" 한마디로 동네가 아이를 키우던 시절이었다.

그래서 요즘 아이들을 보면 안쓰럽다. 일명 '학원 뺑뺑이'를 돌면서 하루를 보내고, 모처럼 동네 놀이터에 나가도 친구를 찾을 수 없다. 아이 탓이라고, 부모 탓이라고 딱 잘라 말하기도 어렵다. 시절이 달라진 탓일 게다.

…

세계의 다양한 마을살이 풍경

어릴 적 경험과 너무 다른 도시의 삶을 어려워하는 사람이 늘고 있다. 이들이 세계 곳곳에서 도시를 바꾸겠다며 마을을 되살리고 있다.

도시 문제를 나열해보자. 실직자가 늘어난다, 범죄가 늘어난다, 빈곤한 1인 가구가 증가한다, 주거가 불안정하다…. 마을 운동가들은 공동체 복원이 이런 문제를 직접 해결할 수는 없지만 예방할 수 있다고 주장한다. 마을의 유대감이 이런 도시 문제의 위험을 감소시킨다는 것이다. 도시에서 마을로 돌아가자는 '마을 운동'은 이런 취지에서 시작되었다.

일본은 1970년대에 이미 민·관이 협력해 '마을 만들기(마치즈쿠리) 운동'을 시작했다. 영국은 1980년대에 마을 재생이 시작됐고, 우리나라는 2000년 북촌 한옥 마을 사업을 시작으로 각종 마을 만들기 사업이 이루어졌다. 제도로 안착한 것은 2012년부터다.

구청 공무원 이 모 씨는 5년 전 서울 성미산마을에 있는 아버지 집에 전세를 들어 살기 시작했다. 당시 아파트 전세금이 모자라 울며 겨자 먹기로 내린 결정이었다. 아파트의 편리함을 포기하는 것이 쉽지 않았다. 골목길을 헤매며 주차 장소를 찾을 필요 없이 지하 주차장에 편하게 주차하면 된다. 엘리베이터, 수도, 재활용 쓰레기 분류함 등 기반 시설도 공동으로 깨끗하게 이용할 수 있다. 경제적 수준이 비슷한 아이들이 다니는 유치원과 학교가 있고 병원도 가까이 있다. 균질한 구성원으로 이뤄진 커뮤니티는 소속감과 안정감을 준다.

5년이 지난 지금 이 씨의 생각은 달라졌다. 중요한 것은 주거 형태가 아니라 사람이었다. 지혜를 모으고자 하는 사람들이 함께 산다면 주택이 오히려 아파트보다 높은 수준의 정주 여건을 만들어낼 수 있다. 이곳의 부모들은 함께 어린이집을 운영한다. 공부방에서 돌아가며 아이들을 봐준다. 책방을 열고, 신선한 먹을거리를 취급하는 협동조합도 마련했다. 명문대 입학과 집값 상승이 목표인 강남 아파트 단지와는 다른, 삶의 질을 높이는 것이 목표인 마을이 탄생한 것이다.

서울시가 펴낸 책《세계의 다양한 마을살이》를 보면 독일의 지벤린덴은 자연과 함께하는 생태 공동체의 대표적인 사례다. 1989년부터 조성하기 시작한 이곳은 '자급자족, 인간과 자연의 공존'에 가치를 두고 있다. 이곳의 유명한 숲 속 유치원 아이들은 자연 속에서 뛰어놀며 생명을 존중하는 법, 상상력을 확장하는 법을 터득하고 상대방을 배려하는 법을 배운다. 깨끗한 공기를 마시며 면역체계를 강화시킨다. 이곳 내과의사는 약보다 식이요법을 권장하는데 영양의 균형을 통한 건강 유지를 도모하려는 방법이라고 한다. 생태 화장실은 우리의 옛날 시골 마을처럼 인분을 자원으로 바꾼다.

인구 7000명 정도의 소도시인 영국의 킨세일은 손꼽히는 관광도시다. 이 도시는 비싼 석유 가격을 극복하기 위해 '에너지 절감 행동 계획'(2005~2021)을 세워 실행하면서 유명해졌다. 이 계획은 단순히 대체 에너지의 비율을 높이는 것이 아니라 에너지를 과소비하는 삶의 방식을 바꾸려는 시도였다. 그 결과 킨세일에는 드넓은 잔디밭에 채소와 과일 나무가 심어졌고 마을 주차장은 논과 밭이 되어 식량 정원으로 바뀌었다.

호주 시드니 옆의 뉴캐슬은 산업도시였다가 공동화 현상을 겪고 있었다. 한때 도심 지역 건물의 약 80%가 비어 있는 유령도시였다. 공동화 현상의 원인을 따져보니, 건물주가 입주자를 들이기 위해 투자하는 수리 비용이 건물 임대로 얻을 수 있는 수익보다 더 크기 때문에 비워두는 것임을 알게 되었다. 그래서 시작한 것이 '리뉴^{renew} 뉴캐슬' 프로젝트다. 비어 있는 도심 지역의 건물을 예술가나 소규모 창업자에게 적은 비용에 빌려주는 방식이었다. 예술가나 소규모 창업자들은 적은 돈으로 자신의 예술품이나 생산품을 팔 수 있는 공간을 얻고 건물주들은 비어 있는 상태보다 건물의 가치를 높일 수 있었다. 도심 내 빈 공간을 문화와 예술을 활용해 되살린 이 프로젝트를 호주의 다른 지역뿐 아니라 세계 곳곳에서 벤치마킹하고 있다.

일본의 도쿄와 인접한 가와사키 시에는 '그라스 가와사키'라는 단체가 있다. 2001년에 탄생한 이곳은 설립자가 남편의 유산을 주민 자치의 힘을 키우는 일에 사용하기로 한 데서 출발했다. 단체는 이 지역 주민 중 많은 이들이 도쿄에서 살다가 아이를 낳고 좀 더 넓은 공간으로 이사했다는 것에 주목했다. 갑자기 낯선 곳에 떨어진 엄마들은 아이하고만 지내다 보니 스트레스에 시달렸다. 이에 '유우(遊友) 광장'이라는 커뮤니티 공간을 만들었다. 매주 수요일에 점심 식사 모임을 하는데 주민들이 최대한 참여해 직접 음식을 준비하고 만들도록 한다. 노인이라도 파 썰기나 국을 떠 담는 정도의 일에 참여한다. 또 장애인, 노인, 주부들이 각각의 그룹을 만드는 것이 아니라 함께 모이게 함으로써 자연스럽게 세대 간, 계층 간의 만남이 이루어지도록 했다.

2012년에 시작한 서울의 마을 공동체 사업도 급격하게 증가하는 추세다. 서울시 마을 공동체 백서에 따르면 2013년 말 기준으로 1035개의 마을 공동체가 활동 중이다. 각 마을에서 해결해야 할 가장 시급한 문제는 보육과 교육이었다. 광진구의 '부모와 아이가 함께 만들어가는 아차산 배움 공동체' 용산구 '용감한 부모' 등 부모 커뮤니티가 212개에 달한다. 인성 교육 그리고 제도 교육을 넘어선 대안 교육을 위한 모임이 첫 시작이었지만 빈곤이나 다문화, 조손 가정 등을 위해 부모 역할을 하는 등 지역 봉사로 활동 영역이 점점 확장되고 있다. 종로구의 '마을 작은 도서관 씨앗 뿌리기'는 동네 엄마들끼리 발도르프 주머니 인형을 함께 만들면서 육아의 고충을 나눈다. 이들은 소외 계층 아동들에게 인형 나눠주기, 낭독 공연, 숲 속 도서관 백일잔치 등을 해준다.

서울 금천구 중앙하이츠아파트 주민들은 2012년 아파트 관리 동 안에 있던 4층 헬스클럽(50m²)을 동네 돌봄 공간으로 바꾸었다. 이곳은 준공업 지역이라 아파트 주변에 공장과 개인 사무실이 몰려 있고 교육·문화적으로 낙후되어 있었다. 돌봄 공간이 문을 연 후 하루에 영·유아 8명, 초등학교 저학년 10명 정도가 참여해 어린이 요가, 생태 체험, 합창 대회 등의 활동을 하고 있다. 주변 장난감 공장에서 유아용 목제 장난감, 벽지 공장에서 지도 등의 물품을 지원받기도 했다.

동작구의 키즈 카페 '카페 인 디cafe in D'는 온라인 커뮤니티가 오프라인으로 만든 카페다. 회원이 7000여 명에 달하는 온라인 공동체 '동작맘 모여라'는 동작구 엄마들 사이에서 유명한 육아 카페인데 온라인 회원들이 아이를 데리고 모일 곳이 없었다. 시끄럽다는 이유로 주변의 따가운 시선을 받지 않으면서 회원들이 아이를 데리고 와서 마음껏 이야기할 수 있는 공간이 절실했다. 그 결과 탄생한 것이 카페 인 디로 아이와 부모의 편안한 휴식 공간이 되고 있다.

삶의 복잡함에서 벗어나려는 노력

도시가 마을이 되기를 꿈꾸는 이런 변화는 삶의 복잡함에서 벗어나려는 노력이기도 하다. '던바의 숫자Dunbar's number'라는 말이 있다. 영국의 인류학자 로빈 던바Robin Dunbar 교수가 주장한 이 수는 개인이 사회적 관계를 안정적으로 유지할 수 있는 사람의 숫자를 말하는데 사람에 따라 다르지만 100명에서 230명 사이라고 한다. 평균 150명 정도다. 우리는 교통과 인터넷 등의 발달로 거미줄처럼 얽힌 인간관계 속에서 살고 있다. 던바의 숫자를 넘어서는 인간관계를 관리하기 위해 시간은 부족해졌고, 깊은 관계를 맺지 못하고 있다. 온라인에서는 친숙한 관계이지만 오프라인에서는 어색한 관계를 경험해봤을 것이다.

소수가 모여 마을을 만든다면 깊은 관계를 맺을 수 있을까? 미국 연수 생활 중 살았던 아파트 단지에는 한국인 가족이 약 20세대 거주했다. 타국에서 이방인으로 살다 보니 서먹함도 잠시, 급속히 커뮤니티가 생겨났다. 다른 가족과 함께 음식을 나눠 먹고 아이들이 지나가면 불러 간단한 간식이라도 먹인다. 함께 캠핑을 가서 비좁은 텐트에 두 가족이 잠을 자는, 한국에서 상상하기 힘든 일도 일어났다. 아이들이 다니는 미국 학교에서 소통의 어려움, 인종차별 같은 문제라도 생기면 자신의 일처럼 걱정하고 도왔다.

곧 공동 육아 시스템도 생겼다. 한 집에서는 아이들에게 한글을 가르

치고, 다른 집에서는 전공을 살려 미술을 가르쳤다. 부부끼리 외출할 때
는 다른 집에 아이를 맡길 수도 있었다.

한국의 아파트 시스템으로 돌아오니 비슷한 인간관계를 맺기가 힘들
었다. 예상치 못한 야근이나 이른 출근을 하려면 아이 맡길 곳이 없어 발
을 동동 굴러야 했다. 한국에서 마을 만들기 실험은 현재 진행형이다. 도
시의 해법이 될 수 있을지는 시간을 두고 봐야 안다. 그러나 마을이 싫어
도시로 떠났던 사람들이 앞으로 마을을 찾을 것이라는 사실은 분명하다.

가난 속
풍요를 찾는
정리 열풍

　필요하지 않은 물건을 잔뜩 쌓아둔 복잡하고 어지러운 집을 보고 있자면 한숨이 나온다. 세계적으로 정리 열풍이 불고 있는 이유는 이처럼 끝없는 소비로 인해 공간이 포화 상태에 이르렀기 때문일 것이다. 삶의 여백도 덩달아 사라졌다.

　2013년 3월 〈매일경제신문〉은 통계청의 인구 주택 총조사 마이크로데이터를 인용해 우리나라 한 가구가 점유하고 있는 주택의 바닥 면적이 30년간 31.3m²(9.4평) 늘었다고 분석했다. 가족 형태는 4인 가족에서 1인 가구로 변해가고 있지만 평균 연면적은 1980년 62.8m²(19평)에서 2010년 94.2m²(28.5평)로 늘었다. 미국의 경우 50년간 1인당 주거 면적이 2배 넘게 증가했다.

　물론 이는 삶의 질을 중요시하면서 공간의 중요성이 부각된 결과다.

세계적으로 정리 열풍이 불고 있는 이유는
이처럼 끝없는 소비로 인해
공간이 포화 상태에 이르렀기 때문일 것이다.
삶의 여백도 덩달아 사라졌다.

하지만 한편으로는 그만큼 소유하는 물건이 많아졌다는 의미이기도 하다. 거실 벽에 딱 붙어 있어도 화면이 너무 커 눈이 부시는 대형 TV, 좁은 거실 한쪽을 점령한 스탠드 에어컨 등으로 집은 갈수록 좁아졌다. 미국의 경우 한 집당 자동차 1대 시대에서 2대 시대로 접어들더니 최근에는 3대를 소유한 집이 늘어나고 있다. 필요가 물건을 만들어내는 것이 아니라 물건이 필요를 만들어내는 셈이다.

창고 임대도 인기 사업 아이템이 됐다. 목가 시절에 농기구를 넣어두던 창고가 산업화와 함께 자동차도 주차할 수 있는 차고 크기로 커지더니, 지금은 안 쓰는 물건을 쌓아두는 역할도 한다.

...
복잡한 삶을 정리해드립니다

미국의 NAPO National Association of Professional Organizers라는 조직은 정리 열풍이 불면서 급속히 성장하고 있다. 1983년 LA에서 시작한 이 작은 조직은 정리를 잘하기 위한 정보를 나누고 확산시키는 것이 목표였다. 지금은 4000여 명의 정리 전문가가 회원으로 활동하고 있다. 가정의 잡다한 물건, 회사의 많은 서류, 컴퓨터 자료까지 쉽게 찾을 수 있게 정리해준다. 이들은 시간당 최대 200달러를 받는데 회원 중 40% 이상이 연간 약 30만 달러를 번다고 한다.

한국고용정보원에 따르면 우리나라에서도 2010년부터 정리 컨설팅

업체가 생겼다. 한국에서는 정리 컨설턴트와 수납 컨설턴트로 구분돼 활동한다. 정리 컨설턴트는 공간, 물건뿐 아니라 시간과 인맥까지 정리해주고 수납 컨설턴트는 물건에 한정해 정리 정돈을 돕는다.

정리를 잘하는 법에 대한 책도 쏟아져 나왔다. 대부분은 저자가 일본인이다. 일본은 아무래도 많은 인구가 좁은 지역에 모여 살다 보니 정리에 대한 관심이 큰 것으로 보인다.

정리에 대한 책은 대부분 효율적으로 정리하는 법에 무게를 둔다. 늘 쓰는 물건만 보이는 곳에 놓는다든지, 못 쓰는 종이 박스로 양말꽂이를 만든다든지, 옷걸이는 한 방향으로 통일해 작은 공간이라도 더 마련한다는 것 등이다. 가구를 살 때 수납공간을 고려하고 침대 밑 같은 자투리 공간을 이용하는 방법도 있다.

우리 집도 정리가 필요했다. 어디에 두었는지도 모르고 언제 써야 하는지도 모르는 물건이 집 안 곳곳에 숨어 있었다. 신혼 때 인테리어의 원칙은 여백이었다. 벽에 아무것도 걸지 않고, 가구도 들이지 않고, 장식품은 아예 사지 않았다. 하지만 일상을 유지하기 위한 물건은 계속 늘어났다. 상업광고에 속아 늘어나고, 꼭 필요하다는 주위의 권유에 늘어나고, 돈을 쓰고 싶어 늘어나고, 아이가 태어나자 또 늘어났다. 하다못해 사둔 것을 잊고는 또 산 적도 있었다.

결국은 사는 것을 줄일 뿐 아니라 필요 없는 것은 버려야 하는 단계에 도달한다. 불필요한 물건을 적게 쓰는 빈도순으로만 결정할 수 없다. 10년이 지난 결혼사진 앨범은 최근 2, 3년간 한 번도 열어보지 않았지만 새로 산 그릇 세트보다 중요하다. 아이가 물고 빨던 담요는 이제 쓸모없어 졌지만 아이는 세상에서 가장 소중한 물건을 빼앗기는 양 막아선다. 25평 아파트 벽에 아무것도 걸지 않고 비워두는 것이 최상의 인테리어지만 태권도 도장에서 폼 잡으며 찍은 아이 사진이나, 아이가 그린 추상화 같은 정물화에 자리를 내줘야 한다.

그래서 정리는 최소한으로 사는 행위에서 마음과 생각의 문제로 옮겨간다. 우리는 물건을 소유하는 것이 아니라 일정 시간 동안 물건과 관계를 맺는 것이다. 미국의 정리 전문가 제니퍼 베리^{Jennifer Berry}는 《우리 집 정리 플래너》(나무발전소, 2015)에서 이를 다음과 같이 묘사했다.

삶은 끊임없이 변화한다. 새로운 물건이 당신의 삶 속에 들어오면 그것을 즐기고 잘 활용하되 때가 되면 미련 없이 놓아주어라. 어떤 물건이 당신 손에 있다고 해서 그게 영원히 당신 소유라는 법은 없다. 당신은 삶을 살면서 만나는 수많은 물건의 임시 관리인일 뿐이다.

그렇다면 물건과 마음이 가장 잘 정리된 상태는 무엇일까. 일상에서 고르자면 여행하는 순간이 아닐까. 트렁크 가방 한 개에 필요한 것을 고르고 골라 넣으면 더 이상의 물건은 필요치 않다. 여행에서 만나는 자연뿐 아니라 숙소부터 식기까지 내 것이 아니라 단지 지나치는 관계일 뿐이다. 여행에서 만나는 사람도 마찬가지다. 만나는 순간 최고의 관계를 맺지만 동시에 곧 사라질 관계다. 여행을 하다가 '더 이상 무엇이 필요하

물건과 마음이 가장 잘 정리된 상태는 무엇일까.
일상에서 고르자면 여행하는 순간이 아닐까.
트렁크 가방 한 개에 필요한 것을 고르고 골라 넣으면
더 이상의 물건은 필요치 않다.

겠느냐' 싶은 마음이 드는 것은 소유할 물건도, 소유할 관계도 없기 때문일 것이다.

...

수많은 것 중 꼭 필요한 하나를 선택하는 연습

프랑스 수필가 도미니크 로로 Dminique Loreau의 《심플한 정리법》(문학테라피, 2013)을 읽고 무릎을 탁 쳤다. 로로 역시 여느 정리 비법서처럼 덜 사고 잘 버리는 법에 대해 이야기하지만, 정리의 기본은 소유할 품목에 대한 올바른 선택이라고 했다. 신용카드 한 장으로 어디든 가고 무엇이든 산다는 아이디어는 일상을 간단하고 단순하게 만들 수 있는 혁명적인 일이었다. 하지만 수많은 금융사들이 신용카드를 내놓고 각종 카드 혜택이 복잡하게 열거되기 시작했다. 게다가 이런 혜택은 햄버거 세트와 같이 하나의 묶음으로 제시하기 때문에 먹기 싫은 감자튀김을 함께 시켜야 한다. 맘에 드는 혜택은 A카드와 B카드와 C카드에 나뉘어 있고 각각은 쓸모없는 혜택을 나열하고 있다. 결국 카드는 늘어나고 빚을 질 수 있는 한도도 늘어나고 소비도 늘어난다. 그리고 소비자는 카드의 혜택을 이용하며 숨어 있는 함정까지 파악하려 애쓰고 피해야 한다. 일상을 간단하게 만드는 혁명적인 아이디어가 오히려 '선택의 피로'를 안겨주는 결과를 낳았다. 자신만의 기준을 만들어 올바른 선택을 하지 않으면 삶은 점점 더 복잡해지기만 한다.

정리의 궁극적 목표는 무소유다. 로로는 반드시 소유를 해야 한다면 '제대로 갖기'를 조언한다. 한마디로 '그저 그런 여러 개보다 하나라도 멋진 것을 가지라'는 것이다.

품질을 고집하는 것이 사치가 아니라는 사실을 깨닫게 되면 좋은 품질의 물건이 꼭 부자만을 위한 것이 아니라 하나의 표준이라고 생각하게 될 것이다. 즉 세탁 후에 줄어드는 스웨터나 머리에 정전기를 일으키는 플라스틱 빗, 아무 향도 나지 않는 과일, 혹은 포장이 되어 향이 나지 않는 과일이나 소음이 많은 아파트를 사는 것은 표준에 미치지 못하는 일이다.

결과적으로 정리는 공간이나 '양'의 문제가 아니라 삶의 '질'의 문제이다. 물건을 통해 '나'를 돌아보는 자기 성찰의 행동이다.

간소한 식습관
간소한 삶

2011년 6월, 며칠 뒤 기획재정부 장관으로 옮겨 갈 예정이었던 당시 박재완 고용노동부 장관이 출입 기자들과 저녁 자리를 마련했다. 박 장관은 뜻밖의 말을 꺼냈다. 아침 8시부터 저녁 5시까지 근무하는 '8 to 5' 제도를 추진하겠다고 했다. 기자들의 반응은 한결같았다. 안 그래도 야근이 잦은 중앙 부처 공무원이 5시 퇴근을 하는 것은 불가능하리라는 것이었다. 기획재정부는 정부 부처 가운데 가장 바쁜 부처다. 그럼에도 박 장관은 의지를 굳혔다. 6시까지 밥숟가락을 놓아야 뇌졸중이 줄어들고 건강에 좋다는 취지였다. 적어도 12시간의 공복이 있어야 건강에 좋으니 중앙 부처 공무원들이 먼저 시작하고 민간으로 확대하고 싶다는 포부도 밝혔다. 박 장관의 아이디어는 그의 취임 기간에는 지켜졌지만 다시 원상 복귀되었다. 민간으로 확산되지도 않았다. 그럼에도 그의 아이디어가 이렇게 강렬히 기억에 남는 것은 정부 고위 관료가, 그 것도 '효율성'부터 따지는 경제부처 장관이 건강한 생활 패턴을 고민하고 제안한 첫 사례였기 때문이다.

식사 시간조차 업무로 보는 한국의 근무 환경에서 12시간 동안 공복을 유지하기란 쉽지 않다. 이후 같은 고민을 하는 직장인이 늘었는지 간헐적 단식이 유행하기 시작했다. 주위에 점심을 거르는 동료들이 하나둘 나타났다. 단식을 소개하는 책이 쏟아졌고, 단식원이 새로 생겼으며, 간헐적 단식을 함께 실천하는 인터넷 카페가 활발하게 활동한다.

...

배고플 겨를이 없는 현대인들의 선택, 단식

단지 다이어트 방법이 아니다. 단식은 심플 라이프의 실천 방법으로 볼 수 있다. 브래드 필론Brad Pilon이 지은 《먹고 단식하고 먹어라》(36.5, 2013)를 보면 단식을 통해 지방을 분해하고 연소시킬 수 있다. 그런데 식품 광고와 식품 마케팅에 둘러싸여 하루를 보내는 현대인들이 음식을 끊기는 엄청난 의지를 필요로 한다. '먹지 않는다'는 행위가 갈수록 어려워지고 '먹는다'는 행위는 삶을 복잡하게 만드는 주범이 되었다. 브래드 필론의 이야기를 들어보자.

미국 국민이 일주일 중 하루만 음식을 먹지 않아도 식품업계가 입을 손

‘먹지 않는다’는 행위가 갈수록 어려워지고
‘먹는다’는 행위는 삶을 복잡하게 만드는 주범이 되었다.

실은 어마어마하다. 이것이 바로 식품업계가 수많은 다이어트 이론을 제시하는 이유다. 감량법이 식품을 구입하고 소비하는 것이기만 하면 된다. 이들은 더 많은 식품을 구입하고 더 많이 소비하는 게 좋은 거라는 생각을 자꾸 부추긴다. 우리가 아는 다이어트 방법을 떠올려보자. 그것은 계속해서 무언가를 먹어야 하는 방법들이다. 하루에 조금씩 여섯 끼를 먹어라, 단백질을 많이 먹어라, 아침을 꼭 먹어라, 시리얼을 먹어라, 주기적으로 탄수화물을 섭취해라, 주기적으로 단백질을 섭취해라, 칼슘이 많이 든 음식을 먹어라, 통곡식을 먹어라, 다이어트 약을 먹어라 등등 그게 무슨 방법이든 죄다 계속해서 식품이나 식품 보조제를 먹어야 한다는 얘기뿐이다.

간헐적 단식은 잠시 굶다가 아무것이나 먹는 형태가 아니라 채식 중심의 소식을 권한다. 커피나 소다 등 카페인 음료를 삼가길 권하며, 간이 세지 않은 음식을 직접 조리해 먹기를 추천한다. 칼로리가 적고, 맵고 짜지 않은 음식을 추구하던 트렌드가 아예 칼로리를 잠시 섭취하지 않는 형태로 진화했다.

'오래 사는 것보다는 사는 동안 건강하게 살자'는 건강에 대한 인식의 변화 역시 단식 열풍에 일조한 것으로 보인다. 단식은 몸속 노폐물과 독소 제거에 효과적이라고 한다. 음식과 함께 유입되는 수많은 독성 물질과 불순물은 관절, 피하, 근육, 혈액, 내장 등 온몸에 축적되어 질병의 원인이 된다. 단식은 이런 독성 물질과 노폐물을 배출하는 효과가 있으며,

또 피로로 쇠약해진 장기가 생명력을 재정비할 수 있는 시간적 여유를
준다는 것이다.

단식은 영혼의 수프

정신 건강을 중시하는 힐링 문화 역시 단식 열풍을 주도했다. 단식을
통해 정신을 수양한다. '섭취의 쾌락' '허기의 고통'과 싸워 이겨야 하므
로 단식은 몸보다 정신이 더 중요하다. 정신적 측면을 강조하는 면에서
단식은 고대로부터 '영혼의 수프'로 불렸다. 무함마드는 "일주일간의 단
식은 피를 정화하고, 2주일간의 단식은 뼈를 정화하며, 3주일간의 단식
은 정신을 정화한다"라고 말했다. 예수와 석가모니도 거대한 정신을 발
현하기 위해 단식을 했으며, 톨스토이는 "먹고 마시는 것을 거부하는 것
은 큰 즐거움이며 영혼의 행복이다"라고 말했다.

앞에서 소개한 브래드 필론의 《먹고 단식하고 먹어라》에는 재미있는
연구가 소개되어 있다. 평균연령이 60.5세인 여성 50명을 대상으로 3개
월간 섭취 칼로리를 제한한 식단을 제공한 결과 이들의 언어 기억력 점
수가 개선되었다는 것이다. 즉 단식이 머리를 맑게 만든다는 것이 과학
적으로도 증명된 셈이다.

통상 동물실험에서 기억력이나 인지 능력을 높이는 것으로 나타난 방
법은 크게 두 가지다. 단식이나 소식으로 칼로리를 줄이는 방식과 아몬

드 등에 함유된 불포화지방산을 섭취하는 방식이다. 연구진은 이 두 가지 방식이 사람에게도 적용되는지 알아봤다. 그 결과 칼로리 섭취를 제한한 이들은 3개월 후 기억력 테스트에서 원래보다 10% 이상 높은 점수를 받았고 불포화지방산을 섭취한 이들은 약간 높은 점수를, 아무것도 하지 않은 집단은 오히려 원래보다 약간 낮은 점수를 받았다. 좋은 음식을 먹는 것보다 덜 먹는 편이 인지 능력에는 더 좋다는 뜻이다.

...

종교에서 생활로, 라이프스타일로서의 단식

단식의 역사는 오래되었지만 사실 단식이 우리 몸과 정신에 어떤 영향을 주는지를 연구하기 시작한 것은 1940년대부터다. 또 외국의 경우도 실제 단식 열풍이 불기 시작한 것은 2000년대에 들어오면서다.

통상 단식 운동의 발상지로 독일을 꼽는다. 베를린 샤리테 대학 병원은 50년간 단식 치료 프로그램을 운영해왔다. 단식을 질병 치료에 활용하기 때문에 의료보험이 적용되는 경우도 있다. 독일과 스위스와의 국경 지역에 있는 한 단식 클리닉은 10일간 이용료가 우리나라 돈으로 300만 원이 넘지만 호황을 누린다고 한다. 아침으로 허브티, 점심으로 과일 주스를 마시고 저녁에는 소량의 수프와 벌꿀을 먹는다. 하루에 최소 2리터의 물을 마시며 2시간 이상 산책한다. 하루 섭취 열량을 중년 남성의 권장 수준의 10% 수준으로 맞춰 고혈압을 다스린다.

영국에서는 2012년 8월 다큐멘터리 〈호라이즌Horizon: 먹고 단식하고 장수하라〉가 방영되면서 5:2 간헐적 단식이 유행하기 시작했다. 5일은 충분히 식사하고 2일은 500~600kcal 정도만 섭취해 허기를 예방하는 식사법이다. 2일간 인스턴트식품 등 나쁜 음식을 금하는 것도 병행하는데, 자연스럽게 몸에 해로운 음식에 대한 갈망이 줄어들고 위가 작아져 식사량을 자연히 감소시키는 방식이다.

일본은 소식이 발달한 나라여서 그런지 단식 문화가 빠르게 점령했다.《1일 1식》(위즈덤하우스, 2012)을 펴낸 일본의 나구모 요시노리 박사는 공복을 생활화해 몸을 가볍게 하고 신체 각 장기에 주는 부담을 줄이는 방식을 제안했다. 이시하라 유미 박사는 자신의 저서《내 몸을 살리는 하루 단식》(살림Life, 2009)에서 주스 단식을 권한다. 많이 먹는데도 정작 현대인에게 부족한 비타민과 미네랄을 보충하고 유산균을 양성하며 공복의 고통을 덜어주는 것이다. 이 점에서 가장 좋은 건 당근과 사과 주스라고 한다.

단식의 목적은 칼로리 섭취를 줄여 몸과 정신 건강을 끌어올리는 한편, 배부른 상태를 유지하기 위해 필요한 노동과 시간의 투입을 줄이는 것이다. 5:2 간헐적 단식이라고 해서 반드시 5일마다 2일씩 정기적으로 굶을 필요도 없고 무조건 섭취 칼로리를 제로로 만들 필요도 없다. 배부름을 경계하고, 짜고 매운 음식을 되도록 멀리하며, 물을 가까이하면 족하다. 공복의 두려움을 이길 정도면 좋다.

또 간헐적 단식은 배고픔을 견디면서 부차적인 노동을 줄일 수 있다.

설거지가 줄고, 음식을 조리하는 시간이 줄고, 음식물 쓰레기를 버리는 노동이, 그리고 그 쓰레기를 정화시키는 지구의 노동이 감소한다.

그렇다고 해서 음식을 먹는 즐거움을 잃어선 안 된다. 단식의 스트레스가 음식의 즐거움까지 앗아간다면 그런 단식은 수단과 방법을 가리지 않는 다이어트와 크게 다르지 않다. 간헐적 단식을 라이프스타일의 변화로 보는 시각에서는 더욱 그러하다. 단식은 칼로리를 줄이고 내 몸이 수용할 수 있는 편안한 식습관을 만들고 삶이 조금씩 바뀌는 경험이어야 한다.

공유 경제,
소유에서
대여로

물품을 소유의 개념이 아닌 서로 대여해주고 차용해 쓰는 개념으로 인식하는 경제활동인 공유 경제에 대해 살펴보기 전에 자신을 희생하는 것처럼 보이는 새의 경계 음에 대해 이야기해볼까 한다. 멀리서 매가 날아오는 것을 본 새가 동료들에게 경고하기 위해 울어댄다. 경계 음을 들은 다른 새들은 즉시 도망간다. 경계 음을 울린 새는 매의 공격 목표가 되기 쉬우니 목숨을 걸고 동료를 구한 셈이다.

하지만 《이기적 유전자》(을유문화사, 2010)의 저자 리처드 도킨스Richard Dawkins의 해석에 따르면 이 새는 자신에게 닥친 위험을 분산시킨 것이다. 매를 처음으로 본 새가 경계 음을 울리지 않고 무리에서 혼자 이탈해 도망가면 오히려 매의 공격 목표가 되기 쉽다. 반면 경계 음을 울려 무리를 도망치게 하면 매의 시선을 자신에게서 분산시킬 수 있다. 영양 역시 맹수가 다가오면 높이뛰기로 동료들에게 위험을 알린다. 다른 영양들은 도망치고 맹수의 시선은 분산된다. 또 높이뛰기를 한 영양은 자신이 젊고 건강하며 빠르고 오래 뛸 수 있다는 것을 과시했다. 포식자에게 다른 영양을 쫓는 것이 배를 채우기 쉬울 것이라는 암시가 된다. 다른 이를 도움으로써 나의 위험을 줄이는 이익을 얻게 된다. 나만 살려면 죽을 것이요, 함께 살려면 잘 살 수 있는 셈이다.

최근 유행하는 공유 경제에 대해 설명할 때 도킨스의 설명은 유용하다. 공유 경제 역시 경제인지라 수익이 없는 자선으로 존재하기는 힘들다. 여전히 개인은 이기적인 유전자의 집합체다. 공유 경제는 나눔을 기반으로 하지만 구성원 간에 이해가 맞아떨어질 때 작동한다. 당장 눈앞의 이기적 이익보다 장기적인 이익을 따져보면 공유 경제가 훨씬 생존과 행복을 위해 유리하다.

특히 공유 경제가 일방적인 희생이 아니며 이익을 기반으로 한 시스템이라는 것을 인정하는 것은 공유 경제의 발전을 위해 중요하다. 이타적이기만 한 시스템은 오래갈 수 없다. 인간이 이기적이라는 것을 인정하고 이익을 추구한다는 자본주의의 전제를 인정할 때 공유 경제도 대중적이고 일반적인 형태로 유지될 수 있다.

공유 경제의 개념이 등장한 배경은 저성장과 더불어 부의 집중에서 찾을 수 있다. 부의 집중은 반월가 시위를 불러일으켰고, 자본주의 4.0이라고 불리는 '따뜻한 얼굴을 한 자본주의'의 탄생을 이끌었다. 1%가 돈의 99%를 가진 세상에 대한 경계이고 불평등한 사회에 대한 사람들의 경고였다. 한국에서도 부유층이 부의 대부분을 차지하고 부자와 빈자의 격차가 커지는 것에 대한 문제의식이 확산됐다. 모든 부를 독차지한 왕정이 무너지듯 자본주의도 무너지지 않으려면 수정에 나서야 했다. 부를 독식하기보다 함께 누리는 경제가 탄생하기 시작했다.

…

굳이 소유할 필요가 있는가

개인적인 차원에서 보더라도 무언가를 소유하려고 발버둥치기보다 나눠 쓰는 것이 현명하다. 돈을 모아도 전세금은 뛰고, 원하는 물건을 사려고 돈을 모았는데 더 비싸고 새로운 제품이 나온다. 노동이 돈을 버는 속도보다 자본이 돈을 버는 속도가 더 빠르다. 삶은 복잡해지고 피폐해진다. 하나를 갖지 못하니 그 이후에 가져야 할 다른 것이 차례로 쌓인다. 유산이 많은 이는 큰 노력 없이 원하는 것을 쉽게 소유하기도 한다. 불만이 터진다. 갖기보다 빌리고 영원히 소유하기보다 잠시 점유하는 형태의 공유 경제는 이제 필수적인 셈이다.

내가 처음으로 접한 공유 경제는 미국에서 만난 중고 옷 가게 '스톡 익스체인지Stock Exchange'였다. 이곳은 이름처럼 물건을 무료로 교환하는 곳도 아니고 기부받은 헌옷을 가난한 이들에게 무료 또는 헐값으로 나누어주는 자선단체도 아니었다. 규칙은 간단하다. 본인이 입다가 싫증난 옷을 가져가면 전문가들이 면밀히 체크한 뒤 가격을 매겨 매장에 진

노동이 돈을 버는 속도보다

자본이 돈을 버는 속도가 더 빠르다.

삶은 복잡해지고 피폐해진다.

열한다. 그 옷을 다른 이가 사 가면 옷을 내놓은 사람의 계좌로 옷값의 40%가 입금된다. 철에 맞는 옷만 받으며 팔리지 않을 만한 옷은 받아주지 않는다. 즉 쉽게 팔릴 옷만 가려서 받는다. 옷 주인에게 보내는 40%를 뺀 60%의 돈은 상점 운영비와 수익이 된다. 이 기준이 17년이나 가게를 운영할 수 있었던 원동력이다.

주인의 철학은 분명했다. 가게가 힘들 때도 있었지만 옷의 재활용으로 분명 조금이나마 환경에 좋은 일을 하고 있다는 믿음 때문에 계속할 수 있었다는 것이다. 이미 만들어진 옷을 장롱 속에서 썩히는 것은 의류 회사만 이익이 된다는 생각이 작은 공유 경제를 만들어냈다.

세계적으로 공유 경제가 선풍적인 인기를 끌고 있다. 일본에는 해외 명품 브랜드를 빌려주는 웹사이트가 인기다. 에르메스 백은 5일간 빌리는 데 9800엔(약 11만 원), 샤넬 백은 5일간 5800엔(약 7만 원), 프라다 구두는 3일간 4050엔(약 6만 원) 정도다.

이 서비스의 인기는 가히 폭발적이다. 제품 구입을 망설이는 소비자가 시험 삼아 빌려 쓰는 경우도 있지만 속내는 조금 다르다. '꼭 필요한 모임에서만 멋을 부리면 되니 비싼 옷이나 액세서리를 살 필요가 없다' '명품을 꼭 내 것으로 만들 필요는 없다' '어차피 유행이 지나면 옷이나 가방도 잘 안 쓰게 되는데 카드 할부를 하면서까지 사지 않아도 된다'는 의식이 퍼졌다. 내 것이 아니지만 잠깐 내 것이 될 수 있다는 것, 물건을 잠깐 쥐었다가 다시 떠나보내는 셈이다. 굳이 소유할 필요가 없다는 '신(新)무소유 의식'의 반영이다.

불과 10년 전만 해도 일본에서는 '발돋움 소비'라는 말이 유행했다. 자기 소득 수준보다 한 단계 높은, 또는 훨씬 높은 고가의 제품을 사기 위해 점심을 굶어서라도 돈을 모으는 20대 여성이 적지 않았다. 그러나 소유에 대한 집착만 버리면 공유는 쉽고 간단하다.

이런 움직임은 미국에서 먼저 일어났다. 2008년 탄생한 숙박 시설 공유업체 에어비앤비airbnb가 대표적이다. 깨끗하면서도 값싸게 숙박할 곳을 찾는 사람과 빈방을 빌려주려는 사람을 연결해주는 사업 모델로, 온라인을 통해 현재 전 세계 192개국 3만 4183개 도시에서 숙박을 중개하고 있다. 하루 방문자만 100만 명, 2초에 한 번씩 예약이 들어온다. 창업 5년 만에 세계 최대 호텔 체인인 힐튼을 위협하는 숙박 서비스가 등장했다는 평가까지 나온다.

'카 셰어링'은 세계적으로 일반화된 공유 경제다. 말 그대로 다수의 회원이 한 대의 자동차를 공유한다. 필요할 때 자신의 위치와 가까운 보관소에서 차를 빌려 시간 단위로 필요한 만큼 이용하고 반납하면 된다.

가장 사적인 공간인 집도 공유한다. 혼자서 방을 빌리기에는 임차료와 보증금이 만만치 않다. 지하철역에서 가까운 곳에 살려면 월세가 부담스럽다. 그래서 모르는 사람들끼리도 함께 사는 경우가 늘고 있다. 도쿄 전력의 자회사 리비타ReBITA가 대표적이다. 노후한 사택이나 기숙사 등을 예쁘게 새로 꾸며 사람들에게 빌려준다. 입주자는 독립된 개인 방을 쓰지만 부엌이나 거실은 공유한다. 로비에는 벽에 화이트보드를 걸어두고 주변 가게 정보를 비롯해 취미 생활을 함께하기 위한 입주자들의 정보 교환 알림판으로 활용한다.

이런 구조는 독립적인 생활을 추구하지만 외로움은 견디지 못하는 현대인들의 욕구가 반영돼 만들어졌다. 라운지나 공동 거실을 크게 만들어 함께 대화를 나누거나 식사하는 분위기를 조성해주는 것이다. 우리나라에도 혼자 사는 이들이 정기적으로 음식을 싸가지고 와서 나누어 먹는 집 밥 셰어링이 있다.

…

공유 경제가 거대한 담론이 아니라 작은 운동이길 바라는 이유

꼭 필요한 물건을 사려고 절약해 돈을 모으거나, 아니면 아예 사지 않고 꾹 참았던 윗세대들에게 이런 현상은 낯설게 느껴질 것이다. 하지만 돈이 없다는 이유로 욕망을 절제하기보다는 공유를 통해 많은 사람이 욕망을 맛보는 방식으로 소비 행태가 변하고 있는지도 모른다.

우리나라도 공유 경제가 급증하고 있다. 한국에 와서 값싼 민박을 얻으려는 외국인 관광객에게 빈방을 소개해주는 서비스나, 집에서 공간만 차지하는 책을 한군데 모아 회원들이 서로 빌려 볼 수 있도록 한 도서 공유 서비스 등이다.

취재하면서 접한 크고 많은 공유 경제 중 가장 좋은 모델은 서울 성북구에서 진행하는 주차장 사업이었다. 성북구에 위치한 7개 임대 아파트는 주차 공간이 여유로웠다. 그래서 주변의 개인 주택 거주자에게 2년

계약으로 대여했다. 대당 대여비는 월 6만 5000원으로 인근의 사설 주차장(10만~12만 원)보다 40%가량 저렴했다. 개인 주택에 사는 이들은 주차 공간을 먼저 맡겠다고 비좁은 골목길을 질주할 필요가 없고, 임대 아파트 입장에서는 주차장 수입으로 관리비를 줄일 수 있다.

그중 한 임대 아파트는 주차 면수가 349면이지만 입주민의 차량은 250대에 불과했다. 주차장을 대여해주고 월평균 250만 원을 벌었다. 그 결과 각 가구의 관리비가 월 5000원 정도 줄었는데 이는 기초 생활 수급자가 많이 사는 아파트 운영에 큰 도움이 되었다.

성동구, 영등포구 등 서울시 지자체들은 전기 드라이버나 전기톱 등을 빌려주는 공구 도서관을 운영한다. 지팡이를 빌려주는 노인정도 있으며 전자 체온계나 체중계, 혈당 측정기, 혈압 측정기 등 의료 기구를 빌려주는 보건소도 늘어나고 있다.

자동차도 원하는 시간만큼 원하는 장소에서 빌릴 수 있는 카 셰어링이 인기다. 그린카의 경우 휴대전화 앱을 이용하면 800여 곳의 카 셰어링 주차장을 검색할 수 있다. 집 근처 주차장에서 원하는 차량을 빌리고 원하는 주차장에서 반납하면 된다. 30분당 3000~4000원 정도면 차량을 빌릴 수 있다. 빈집을 며칠 빌려 파티를 열기도 하고 무료 자전거를 빌려 레저를 즐길 수도 있다. 한 대학교는 주머니 사정이 넉넉지 않은 학생들을 위해 노트북을 하루에 3000원, 1학기에 14만 원에 빌려주는 서비스를 시작했다.

공유 경제는 그 표현이 좀 거창해 보이지만 사실 자연스러운 일이다.

마치 우리 조상의 두레 개념과 같다. 혼자 하기는 힘들지만 모이면 힘이 된다. 경제학자들은 모여서 생긴 힘을 '사회적 자본'이라고 부른다. 공유 경제를 도입한 모임이나 기업, 협동조합이 개인적으로는 수익을 내지 못하지만 사회적으로는 자본이 될 수 있다는 뜻이다.

공유 경제는 단순한 아이템일수록, 공유하는 이들 간의 관계가 깊을 수록 효과도 커지는 듯싶다. 아프리카 농가를 돕는 것도 좋지만 주차장을 빌려 쓰는 한편 임대 아파트 주민을 도울 수 있다는 데에 더 쉽게 지갑이 움직인다. 한국에서 공유 경제가 거대한 담론이 아니라 작은 운동이길 바라는 이유다.

소유 대신
경험을
소비하다

자발적 가난, 공유 경제, 사회적 기업 등의 확산은 시민운동이나 환경 운동을 하는 이들이 주도적인 역할을 해왔다. 그러나 소비 유형이 소유에서 경험으로 흘러가는 경향은 일반인들이 이끌고 있다. 다시 말해 평범한 사람들이 일상 속에서의 깨달음에 기반을 둔 심플 라이프 트렌드라 할 수 있다.

명품 가방이나 자동차를 소유하는 대신 여행이나 와인을 즐기는 인구가 크게 늘어났다든지, 침대나 속옷 등에 나름 거금을 쓰는 것 등 말이다. 근사한 레스토랑에서의 정찬 한 끼, 패러글라이딩 타기 등은 모두 경험을 소비하는 영역에 포함된다. 이는 남들에게 보이는 모습보다 나 자신의 경험에 더 의미를 두는 새로운 문화다.

내 주변에서도 이런 예를 쉽게 찾을 수 있다. 6개월간 샌드위치나 김

밥으로 점심을 먹고, 각종 문화 공연 관람을 삼가며, 명품의 유혹으로부터 벗어난 지인 A 씨는 2주간 뉴욕 여행을 떠났다. 열심히 일한 자신에게 주는 상이라고 했다. 스킨스쿠버를 사랑하는 지인 B 씨는 필리핀의 바다에 가려고 지난 1년간 휴가와 자금을 모았다. 스파 마니아인 C 씨는 많을 때는 월 100만 원을 스파에 쓰는데 월급은 300만 원이 안 된다. 월세 내고 필수 생활비 빼고 남는 돈의 절반을 스파에 들이는 셈이다.

프리커족freeker은 대표적인 경험 소비자들이다. 프리free와 워커worker의 합성어인 이 용어는 2008년 기사에서 처음 다뤘다. 통상 1~2년 동안 일해 모은 돈으로 1~2년 동안 쉬면서 자기 계발이나 취미 활동 또는 여행 등을 하는 이들이다. 일과 성공, 출세에 무게를 두지 않고 내가 하고 싶은 경험을 위해, 또 그 경험을 하기 위한 자본을 마련하기 위해 일을 하는 식이다. 2008년 당시 2만여 명의 사무직 파견 근로자 중 절반 정도가 프리커로 조사되었다. 프리커족은 고속 승진이나 집 마련이 평생을 일해도 이루기 어려워진 저성장 시대에 새로운 성취 유형으로 등장했다.

사실 소유 대신 경험을 소비하는 경향은 하이엔드high-end제품 즉, 기능이 비슷한 제품군 중에서 기능이 가장 뛰어나거나 가격이 제일 비싼 제품에서 가장 빠르게 나타났다. 보스턴 컨설팅 그룹은 이미 2011년 전 세계에서 1조 4000억 달러에 이르는 비용을 명품과 하이엔드 서비스에 사용했으며 그중 55%가 스파나 정찬, 와인 등 경험 소비에 쓴 비용이라고 밝혔다. 유럽의 경우 2009~2011년 가방, 자동차 등 소유형 명품의 소비 증가율은 4%였지만 경험 소비 증가율은 6%였다. 미국도 경험 소비 증가율이 9%로 소유형 명품의 소비 증가율(6%)보다 월등히 높았다. 신흥 부자가 늘고 있는 중국 역시 소유형 명품의 소비 증가율은 22%, 경험 소비 증가율은 28%였다.

기업들은 사람들이 경험을 소비하기 시작한 것을 금방 알아챘다. 루이비통 그룹인 LVMH는 슈발 블랑Cheval Blanc 호텔 브랜드를 론칭했는데 슈발 블랑이라는 호텔 이름은 유명 와인에서 따온 것이다. 스타벅스는 새로운 문화를 경험하는 공간으로 자리매김했다. 스타벅스는 커피콩을 약하게 볶아 향은 감미롭지만 깊은 맛은 거의 없는 약배전 커피가 지배하던 때에 강하게 볶은 강배전 커피의 맛과 향을 특수한 포장으로 전 세계에 전파했다. 한 잔의 원가가 얼마나 되는지는 모르지만 깊은 향이 나는 커피와 세련된 인테리어를 누리는 작은 사치에 사람들은 기꺼이 돈을 지불했다.

…

'물건'이 아니라 '경험'에 돈을 지불하는 시대

2011년에 업무차 〈뉴욕 타임스〉를 방문했을 때 온라인에 잠식당하는 신문 시장의 미래를 묻자 "지금까지도 누가 신문을 사 봤느냐. 소비자는 신문지가 아니라 언제나 경험에 돈을 지불해왔다"라고 답했다. 신문의 첫 장부터 마지막 장까지 읽으며 얻는 지식과 정보의 경험을 말하는 것인데, 신문이든 노트북이든 태블릿이든 스마트폰이든 중요한 것은 콘텐

츠를 담는 그릇이 아니라 콘텐츠가 주는 경험이라는 의미다. 그들은 질 높은 경험을 인터넷이나 스마트폰에서도 그대로 구현하기 위한 장치를 만드는 데 심혈을 기울이고 있다고 했다.

커피숍은 경험을 파는 대표적인 장소다. 커피 맛도 중요하지만 많은 사람들이 커피 잔, 인테리어, 웨이터의 서비스 등에 영향을 받는다. 뉴욕의 카페 레지오는 카푸치노의 원조로 알려져 있다. 요즘에는 좋은 커피를 쓰는 집이 많기 때문에 개인적으로 이 집의 카푸치노에 큰 감동을 느끼지는 못했다. 그래도 사람들은 끊임없이 이 집을 찾는다. 스타벅스가 카페 문화를 현대식으로 해석했다면 카페 레지오의 카페 문화와 인테리어는 근대 정도에 머물러 있어 향수를 불러일으킨다.

...

쇼핑이 주는 설렘과 경험이 주는 가치

우리나라에도 경험을 소비하는 경향이 나타난 지 오래다. 2000년에 550만 명이던 출국자 수가 10년 만에 2배를 훌쩍 넘었다. 해외 관광 지출도 같은 기간 2배를 넘어섰고, 우리나라 관광 수지는 2001년부터 10년 이상 마이너스 행진을 했다. 2009년부터 2013년까지 5년간 녹차 등차 수입 규모는 3.4배 증가했고, 특히 마테차의 경우 18배나 늘었다. 2013년 기준으로 원두 수입량은 전 국민이 1년간 아메리카노 약 300잔을 마시는 규모가 되었다. 명품만 따로 파는 하이엔드 백화점이 등장하고 각종 레저 활동이 붐이다. 캠핑 열풍에 캠핑장은 주말마다 만원이고 도로는 주차장이 되곤 한다. 국민소득 3만 달러 시대의 레포츠로 불리는 요트나 크루즈를 즐기는 이도 크게 늘고 있다.

사실 소비가 소유에서 경험으로 변한 데에는 마케팅의 역할이 컸다. 애플 스토어에 들러보면 판매자가 아니라 전문가와 이야기를 나누는 고객들을 볼 수 있다. 전문가라고 불리는 애플 직원들은 사람들이 애플 스토어에 마련된 전자 기기를 충분히 즐길 수 있도록 도와주면서 구매에 대한 압력은 전혀 주지 않는다. 사람들은 무료로 전자 기기를 즐겼다고 생각하지만 이 경험이 그들의 구매에 큰 영향을 준다. 요즘에는 이런 방식을 거의 모든 명품 백화점이나 전자 제품 대리점 등에서 쉽게 볼 수 있다.

이렇듯 경험을 소비하면서 사람들은 더 많은 돈을 쓰는 경향이 생겼다. 명품 마케팅을 중심으로 경험 소비가 퍼진 데 대한 부작용이다. 100만 원짜리 백을 들고 다니면 받을 수 있던 부러움의 기준은 1년도 되지 않아 300만 원짜리 샤넬 가방으로 격상된다. 명품은 유행이 없는 항구적인 경험을 준다는 것이 특징이었는데 명품에도 유행이 생겼다. 루이비통 백 하나면 사람들이 쳐다보던 시절은 약 3년 만에 끝나버렸다. '명품을 가진 사람'이라는 부러움을 경험하는 주기가 짧아졌다는 뜻이다.

다른 이의 시선은 충족하거나 만족할 수 있는 것이 아니다. 만족을 경험하는 주도권은 내가 아니라 나를 부러워할지 결정하는 다른 이들이 쥐고 있다. 이런 다른 이들의 시선이 모인 결정체가 유행이다. 유행이라는 다른 이들의 시선은 변덕스럽고 예측할 수 없으며 즉흥적이기도 하다.

경험은 추상적 소비다. 기억과 추억, 감동과 꿈, 웃음과 놀라움을 소비한다. 소유로 인해 며칠간 설렘을 느낄 수 있다면 경험은 여러 종류의 감정을 오랫동안 누리게 한다. 은퇴 후 지프차를 개조해 몇 년간 아프리카 여행을 다니는 네덜란드인도, 전국의 명산을 찾아다니며 둘레길을 걷는 한편 둘레길을 발굴하는 모험가도, 주말이면 양털 이불 속에서 포근함을 느끼며 손도 까닥 안 하는 행복한 게으름쟁이도 경험을 소비함으로써 나의 만족을 찾고 있다. 남이 아닌 나의 편리와 행복을 위해 경험을 소비하는 방식을 찾는다면 소유의 복잡함과 관리의 불편함, 소유한 것을 잃을지 모른다는 불안으로부터 조금이나마 멀어질 것이다.

3장

삶의 전환 프로젝트
1년 보고서

: 저성장 시대를 살다

우리 부부는 삶의 속도를 줄이고 단순하게 살아보기로 결심했다. 그렇다고 지금의 삶을 떠날 용기는 없었기 때문에 현재의 삶에서 변화를 모색했다. 소비를 줄이고, 필요 없는 물건을 버리고, 불편을 감수하고, 남과 비교하는 습관을 바꾸는 일은 쉽지 않았다. 단순한 삶은 저절로 찾아오는 것이 아니라 지속적인 관리가 필요한 일이었다.

내일을 위해
오늘의 나를
희생하지 않기

서울시의 어느 한 자치구 백일장 당선작인 초등학생의 글이다.

친구들이 싸우면서 한 아이에게 "엄마도 없는 고아 새끼가"라고 했다. 무슨 말인가 이상했다. 사실 그 아이는 고아가 아니다. 엄마, 아빠와 떨어져 살 뿐이다. 엄마, 아빠는 맞벌이를 하고 계신다. 우리 엄마, 아빠도 맞벌이를 하신다. 나는 학원을 많이 다닌다. 영어, 수학, 피아노, 수영, 한자 등을 배우고 집에 오면 6시다. 우리 엄마, 아빠는 맞벌이지만 없는 것보다 백배는 낫다. 나에게는 한 가지 소원이 있다. 우리 가족 모두 비행기 타고 멀리 가서 한 번 자고 오는 것이다. 그러면 가족과의 관계가 더 좋아질 것 같다. 그 소원이 언제 이루어질지 모르지만 기다리면서 우리 가족 모두 행복하게 살았으면 좋겠다.

읽다가 눈에 눈물이 맺혔다. 솔직한 아이의 마음이 맞벌이 부모의 죄책감과 맞닿아 있었다. 그리고 그런 부모마저 이해하려는 아이의 마음이 전해져 가슴이 아팠다.

1년간의 미국 생활을 마치고 회사에 복귀한 뒤 어떻게 지냈느냐는 질문을 자주 받았다. 대답은 늘 한결같았다.

"우리 가족은 미국 가기 전과 후로 나뉘어요. 미국에 가기 전에는 가족이 아니었던 것 같아요. 이제야 진정한 가족이 된 거 같아요."

그동안 열심히 일한 동료들에게 미주알고주알 휴식에 대해 이야기하기 객쩍어 농담 반 진담 반으로 이렇게 말하곤 했다.

결혼 후 부부 사이가 크게 나쁜 편도 아니었다. 그런데 일에 쫓기다 보니 주말 외에는 얼굴 마주할 일이 별로 없었다. 게다가 월요일 자 신문을 만들기 위해 격주로 일요일에 출근을 했다. 가능하면 부부가 주말에 아이를 보기 위해 일요일에 어긋나게 근무를 한 것이다. 일주일 중 토요일 단 하루가 온 가족이 함께 보내는 유일한 시간이었다. 이마저 크고 작은 가족 행사부터 지인들 결혼식까지 챙기다 보면 온전히 서로에게 몰입할 시간은 주어지지 않았다.

줄곧 양가 어머니가 아이를 키워주었다. 출산휴가를 마치자마자 회사에 복귀했고 야근에다 업무 약속으로 분주했다. 귀가가 늦다 보니 아이는 조부모와 잠을 잤다. 그나마 어린이집에 보내거나 보모에게 맡기는 주위 동료들보다 복 받은 일이었으나 아이와 놀 시간은 토요일뿐이었다. 가족이 모두 모이는 시간이 절대적으로 부족했다.

사실 주변에서 다들 그렇게 살기 때문에 특별히 내가 잘못 살고 있다는 자각을 하지 못했다. 회사에서는 회사에서대로, 집에서는 집에서대로 발을 동동 구르며 살다가 어느 순간 '내가 왜 이렇게 살고 있나?' 하는 깊은 회의가 찾아오기 전까지는 말이다. 외면하려 했지만 시도 때도 없이 '도대체 왜?'라는 질문이 의식 위로 떠올랐다. 스스로 대답을 찾지 못하면 한 발자국도 나아갈 수 없다고 생각하던 때에 남편이 연수를 떠나게 되었고 나는 휴직을 하고 동행했다.

나이가 들면서 찾아올지 안 찾아올지 모를 천운을 꿈꾸는 대신 한 주먹만큼의 운수를 매일 만나고 싶어졌다. 벼락같이 찾아오는 행운보다는 평온한 일상에 감사하게 된다. 작은 행복과 평온한 일상은 바로 사랑하는 가족과의 일상일 것이다.

…

아이와 함께하는 시간이 준 깨달음

미국에 살면서 우리 가족은 가능한 꼭 붙어 지냈다. 아이가 학교 다니는 거 외에는 딱히 오라는 곳도 없었다. 일하지 않는다는 것은 사회적 관계가 단순해지는 것을 뜻한다. 아침에 일어나 밥 먹고 집 치우고 장 보고, 아이를 데려와 같이 놀다가 잠이 든다. 뛰어도 놀아보고 앉아서 놀아보고 무료하게 멍하니 시간을 보내기도 하며 그렇게 같이 지냈다.

하루 종일 아이와 같이 지내던 날, 나도 모르게 코끝이 찡해지면서 눈시울이 붉어졌다. 종이를 자르며 꼼지락꼼지락 노는 모습이 신기했고, "엄마 아빠 사랑해요"라며 보내온 맞춤법이 온통 틀린 편지가 감동적이었고, 과자를 야무지게 베어 먹는 모습에 미소가 번졌다. 아이가 자라는 6년 동안 내가 보지 못한 모습이 얼마나 많을까 싶어 가슴 한편이 저릿했다. 내가 놓치고 살았던 행복이 무엇인지 절실히 깨달았다. 정말 바빠서, 또는 바빠지려고 애쓰면서 잃어버렸던 가족과의 시간을 되찾기로 결심했다.

과도한 일 중심의 삶이 한국 사회의 근본적인 문제 중 하나라는 전문가들의 지적에 동의한다. 과장하자면 모든 부조리의 근원은 늦은 퇴근에서 오는 것이다. 청소년 비행이나 스마트폰 중독이 과연 청소년만의 잘못일까? 또래 집단에서 가족을 찾고, 가족과 이야기하는 대신 스마트폰을 들여다보는 건 더 이상 가족이 제 역할을 못 하고 있다는 반증은 아닐까?

우리 사회의 리더 중 많은 이들이 경쟁을 기반으로 한 사회적 관계에는 익숙하지만 애정을 기반으로 한 개인적 관계는 결핍되어 있다는 점도 문제다. 이들은 오직 일에만 몰두하는, 일 중심적인 삶을 살며 일 이외의 것들은 희생시켜왔다. 일을 어떻게 하는지는 훌륭히 배웠지만, 왜 일을 해야 하는지를 잊은, 즉 균형감을 잃은 경우가 많다. 이런 리더가 우리 사회를 따뜻하게 만들 수 있을지 의문이다. 세월호 사고 현장에서 기념사진을 찍던 것처럼 각종 재난 현장에서 슬픔에 공감하지 못한 채 지위와 조직을 보신하기 위한 대책을 쏟아내는 일부 공무원들이 가장 적나라한 사례다.

물론 일을 소홀히 하자는 것이 아니다. 일에서 얻는 성취감도 개인을 행복하게 하는 중요한 척도 중 하나다. 다만 일과 가정이 균형을 이룰 때 가장 행복하다고 말하고 싶은 것이다. 일터에서의 행복이 집에서의 행복을 보장하지 않는다. 과거의 고성장 시대에는 가장의 노동력을 위해 온 가족이 희생하는 시스템이었다. 하지만 더 이상 고성장 시대가 지속되지 않을 것이다. 가족의 희생을 바탕으로 한 가장의 성공이 안정적인 풍요로움을 제공하기는 어렵다. 돈을 위한 가족의 희생보다 안락한 시간을 버는 것이 현명해지는 분위기가 조성되고 있는 셈이다.

…
성취 욕구를 내려놓고 소소한 행복 느껴보기

일을 하고 돈을 벌어야 행복하다는 착각에 빠져 살았다. 회사에서 더 인정받기 위해, 돈을 더 벌기 위해 매일 전투를 한다. 어디로 가는지도 모른 채 옆 사람을 힐끗거리면서 달려간다. 자칫 무리에서 낙오할까 두려움에 떨면서 말이다. 겉보기에 성공한 것처럼 보이지만 사실은 늘 긴장과 불안이 삶을 지배하고 있었다.

온 가족이 시간을 공유하고 살을 부대끼며 보낸 시간이 없었다면 여전히 그렇게 살고 있을 것이다. 지금은 무엇인가 성취하려는 욕구를 내려놓고 일상에서 소소한 행복을 만끽해보려고 한다. 직장에 매인 상태에서 쉽지는 않지만, 발걸음에 속도가 붙을 때마다 잠시 멈추는 여유가 생겼다고 하면 맞을 것 같다.

예전에는 성취에 초연해 보이고 돈 버는 일에 관심이 없는 사람이 '여유를 즐기라'고 조언하면 전혀 마음에 와 닿지 않았다. 낙오자의 자기 합리화라 여겼다. 하지만 막상 불필요한 일과 그로 인한 긴장을 놓아보니 사람은 오히려 내밀한 관계에서 안정적으로 행복을 느낀다는 것을 알게 되었다. 진정 행복한 삶을 살지 못하는 이유는 쓸데없이 복잡한 삶을 살기 때문이었다.

그래서 삶을 단순하게 만들려고 애쓰고 있다. 그리고 가족과 시간을 보내는 데 우선순위를 두려고 노력한다. 공부를 더 하려던 계획을 포기했다. 진짜 학문의 즐거움 때문이 아니라 자격증을 하나 더 추가하고 싶었던 것이라는 사실을 깨달았기 때문이다. 가능하면 집에 일을 들고 가지 않기로 했다. 아이한테 집중하는 데 방해가 될 뿐만 아니라 빨리 아이를 재우고 일해야 한다는 생각에 괜히 아이에게 짜증을 부린다는 걸 깨달았기 때문이다. 직업상 예측 불가능한 일이 많아 쉽지는 않지만 내일의 일을 보다 완벽하게 하기 위해서라도 일을 늘어지게 하지 않기로 했다. 일과 가정의 균형을 되찾는 것, 삶을 단순하고 명료하게 만드는 첫 번째 방법이다.

사실 집에 일을 가져오지 않겠다는 결심은 '놀 때 놀고 공부할 때 공부하라'는 오랜 격언을 실천에 옮겨본 것이다. 회사에서는 최대한 일에 집중하고 집에서는 최대한 가족에 집중하려는 것이다. 내일 일은 어떻게 할지, 오늘 기사를 이렇게 쓰는 게 낫지 않았을까 하는 생각은 회사에서 퇴근하기 30분 전, 출근한 지 30분 안에 하면 족하다. 집에 들어서는 순간 가족이라는 안식처에 푹 파묻히는 것이 오히려 일의 능률을 높였다. 직장에서는 아이와 좀 더 놀아줄걸 후회하다 일에 집중하지 못하는 경우가 줄었고, 집에서는 직장에서의 일에 대한 후회로 아이와 제대로 놀아주지 못하는 경우가 사라졌다. 인간은 한 번에 여러 가지 일을 할 수 있지만 제대로 하려면 한 번에 하나씩밖에 못 하는 것 같다.

저녁 식사 함께 하기는 가장 중요하지만 가장 어려운 실천 항목이었다. 한국갤럽이 수도권 부모 800명과 초·중·고생 자녀 200명을 대상으로 가족과의 식사 횟수를 조사했더니 일주일간 21번의 식사 중 가족과 함께 하는 식사는 평균 5.3회였다. 하루 세 끼 중 한 끼 미만인 경우가 60%를 넘었다. 사실 우리 가족 역시 저녁 식사를 함께 하는 일은 아직도 힘들다. 내 의지대로 퇴근하는 경우가 그만큼 적기 때문이다. 아직 초등학생인 아이가 중·고등학생이 되면 더욱 힘들어질 것이다. 현재는 일주일에 2~3회 정도 저녁을 함께 한다. 밥을 나누는 행위는 사실 대화를 나누고 생각을 나누는 것이다. 가끔은 사회문제에 대한 부부의 토론에 갑자기 끼어들어 자신의 생각을 얘기하는 천진난만한 아이의 말에 웃음이 터지기도 한다.

저녁을 먹고 난 뒤에는 집에서 TV나 스마트폰, 컴퓨터를 이용하는 시간을 줄이기로 했다. 시간을 정해놓고 이용하는 방식이 가장 효과적이었다. 아이는 한 시간짜리 만화영화를 보기로 했다. 우리 부부는 저녁을 먹고 설거지와 빨래 같은 집안일을 나누어 끝내고 책을 읽었다. 아이도 저절로 책을 들었고 독서 시간이 늘었다.

초등학생인 아이가 잠이 들면 밤 11시라도 부부가 함께 30분 이상 산책을 한다. 산책 코스는 공원이나 조용한 시골길이 아니라 집 앞 대로변이다. 최소한의 운동과 부부간에 나누어야 할 최소한의 대화를 보장하기 위한 궁여지책이었지만 효과는 생각보다 크다. 장소나 시간은 그리 좋지 않지만 적어도 부부 싸움 할 일이 절반으로 줄었다. 혹자는 부부끼리 뭐 그리 할 말이 많으냐고 하는데 시간을 만들면 할 말도 생긴다. 할 말이 늘어나면 서로를 이해하는 폭도 넓어진다.

마지막으로 일주일에 한 번쯤은 아이와 요리를 한다. 엄마가 아들과 취미를 공유한다는 것은 쉽지 않다. 뛰는 법은 알아도 걷는 법은 모르는 아들과 놀아주기는 벅차다. 쏟아지는 엉뚱한 질문에 답하다 보면 외계인 같은 느낌도 든다. 어쨌든 쉴 새 없이 뛰는 아이에게 늘 맞춰 놀아주기는 벅차다. 그럼에도 밀가루 반죽에 손을 담갔다 빼고는 "이 쿠키 내가 다 만들었어요"라고 큰소리치는 아이를 보면 요리는 가족의 훌륭한 대화 도구다.

이 외에 주위에서 추천해준 방법으로 주말농장 가꾸기가 있다. 초기에는 끝없는 단순노동의 즐거움을 느낄 수 있고 추수기에는 함께 결실을 거두었다는 성취감을 느낄 수 있다. 사실 이런 성취감은 꼭 거창하게 농작물을 기르는 체험이 아니어도 얻을 수 있다. 집에 돌아다니는 조립식 장난감의 부품을 종류별로 함께 정리한다든지, 집 앞 놀이터에서 가족이 함께 줄넘기를 하는 것에서도 느낄 수 있다. TV 시청마저도 유익하게 이용할 수 있다. 함께 떠들며 비판하고 즐기고 생각을 나누며 TV를 본다면 TV는 마음을 나누는 좋은 매개체가 된다. 결론은 시간이고 가족 간에 행복을 나누겠다는 의지다. 이 명제를 깨닫는 것이 심플 라이프로 가는 첫걸음이었다.

진정 행복한 삶을 살지 못하는 이유는
쓸데없이 복잡한 삶을 살기 때문이었다.

자가용을
없애고 나서
알게 된 사실들

소유하고 있는 것은 잃어버릴 수 있기 때문에 필연적으로 나는 내가 가지고 있는 것을 잃어버릴까 봐 항상 걱정하게 된다. 도둑을 두려워하고, 경제적 변화, 혁명, 병, 죽음을 두려워하게 된다. 사랑을, 자유를, 성장을, 변화를, 그리고 미지의 것을 두려워한다. 따라서 나는 끊임없이 걱정을 한다. 건강을 잃을까 두렵고, 내가 소유하고 있는 다른 것들도 잃으면 어떻게 할까 하는 두려움까지 겹쳐 만성적 우울증에 시달리게 된다. 더 잘 보호받기 위해, 더 많이 소유하려는 욕망 때문에 나는 방어 태세를 취하게 되고, 고집스러워지고, 의심이 많아지고, 외로워진다.

(중략)자동차에 대한 애정은 깊고 지속적인 것은 못 되고 잠깐 동안 계속되는 풋사랑으로 보인다. 그도 그럴 것이 소유자들은 자동차를 수시로 바꾼다. 한두 해가 지나면, 아니 어떤 경우에는 1년밖에 안 되어서 차의 주

인은 '헌 차'에 싫증을 느끼고 새 차를 '잘 사기' 위해서 물색하고 다닌다. 물색에서 구입에 이르는 일련의 거래는 일종의 게임처럼 보인다. 이 게임에서는 속임수까지도 때로는 주요한 요소로 등장하며, '잘 산다'는 것 자체가, 최종 목적인 최신형 승용차의 소유 못지않게 즐거움의 대상이 된다.

에리히 프롬Erich Fromm의 《소유냐 삶이냐》(홍신문화사, 1988)에 나오는 구절이다. 우리나라에서도 소유 중 가장 큰 부분을 차지하는 것이 집과 자동차다. 집은 사실 필수 구매 리스트에서 위시 리스트로 옮아가는 추세다. 월급쟁이 입장에서 너무 비싸기도 하거니와 은행 빚을 등에 짊어지고 평생을 살 정도로 우직한, 혹은 답답한 부모 세대가 사라져가고 있기 때문이다.

자유무역협정FTA에 따른 관세 인하 영향으로 수입 차의 장벽도 낮아지고 있다. 월세를 살면서 수입 차를 끄는 것이 별로 이상하게 보이지 않게 되었다. 혹자는 집에서는 잠만 자고 실제 생활하는 시간 중 가장 많이 지내는 곳이 차라고 강변한다. 과거처럼 집에 투자한다고 집값이 급등하는 것도 아니니 차에 투자하는 게 낫다는 말도 나온다. 젊은 세대에게 편하고 좋은 차는 집을 소유하는 것보다 중요한 존재라는 의미일 것이다. 일부는 월세 계약 기간이 끝나 다른 집으로 옮기는 횟수만큼 차를 바꾼다. 차량 액세서리 쇼핑 시장이 커지고 '애마'라고 통칭하던 자신의 차에 '이름'을 붙여주는 경우도 쉽게 볼 수 있다. 부모 세대는 세를 사는 젊은 부부가 수입 차를 할부로 구매하는 것을 한심해하겠지만 젊은 부부는 집에 모든 재산을 쏟아부은 뒤 콩나물값을 아끼는 부모 세대를 절대 이해하지 못할 것이다.

내가 거의 모든 살림을 줄였던 미국에서도 줄일 수 없었던 것이 바로 차였다. 워낙 땅이 넓었다. 마트에 가려면 10분가량 차를 몰아야 했고, 대중교통이 발달하지 않아 버스는 띄엄띄엄 다녔다. 차 없이 산다는 건 상상조차 할 수 없었다. 그런데 한국이 돌아온 지 1년이 넘은 2013년 7월까지 차를 사지 않았다.

처음에는 귀국 이사를 해야 했고, 유치원에 다니는 아이를 세심히 살펴야 했고, 회사에 적응하느라 바빴다. 몇 달간 시간을 두고 천천히 알아볼 생각이었다. 간단히 말해 차를 꼼꼼히 살펴보고 구매할 정신적 여유가 없었다. 에리히 프롬의 말대로라면 '잘 사기' 위한 게임에 빠져 물색하고 다닐 시간이 없었던 셈이다.

게다가 갑자기 주말부부로 지내게 되었는데 차를 쓸 일이 거의 없었다. 어차피 도심은 차가 너무 막히는 데다 예상치 못한 술자리가 많아 주중에는 버스나 지하철로 출퇴근했다.

되돌아보니 우리 가족은 출퇴근용으로는 차를 쓰지 않았고 주말에 장보러 마트에 가거나 놀러 다닐 때만 썼다. 주말부부가 되면서 주말에만 상봉을 하다 보니 외출하는 시간이 줄고 자연스레 차가 없어도 불편함이 덜했다. 차를 사봤자 주차장에 세워놓기만 할 것 같아 해가 바뀌면 사기로 했다. 그렇게 뚜벅이 생활을 시작했다.

한동안은 걷는 게 낯설었다. 외출하려면 엘리베이터를 타고 주차장으로 내려가면 되었는데 버스 정류장에 앉아 버스를 기다리거나 지하철역까지 10분 이상 걸어가야 했다. 커다란 카트에 아이를 태우고 함께 물건을 고르는 재미도 사라졌다. 바람이나 쐬고 오자며 훌쩍 떠나기도 쉽지 않았다. 학교에 아이를 데리러 가게 되는 날이면 줄지어 서 있는 검은 차 옆에서 풀이 죽는 건 어쩔 수 없었다. 처음에는 몸이 낯선 불편을 받아들이지 못해 스멀스멀 짜증이 나곤 했다.

…

차가 없기 때문에 느낄 수 있는 즐거움

그렇게 한 달 정도 지났다. 그런데 단지 소유하지 않는 것만으로 삶이 너무 가벼워졌다. 차 할부금, 세금, 보험료 등으로 매달 통장이 비는 일이 없어졌다. 뚜벅이 생활을 하게 되면서 알게 된 것은 차량 운행으로 차량 할부금, 기름값, 보험료, 통행료, 주차료 등 한 달에 최소 100만 원 정도 추가 지출이 발생한다는 것이었다. 매일 택시로 출퇴근하는 비용보다 2배는 더 드는 액수다.

주차 공간을 찾아 주차장을 뱅글뱅글 도는 일도 없다. 차가 꽉 막혀서 차를 버리고 뛰어가고 싶은 충동도 사라졌다. 신경질적으로 '빵빵' 경적을 울리면서 나약한 이성에 실망하는 일도 줄었다. 전날 회사 주차장에 세워두고는 아침에 아파트 주차장에서 리모컨을 눌러 차량에서 '삑' 소리가 나길 기다리며 헤매는 일도 없어졌다.

차가 없으니 장도 많이 볼 수 없다. 채소는 필요할 때마다 아파트 직거래 장터나 동네 가게에서 산다. 한꺼번에 사서 냉장고에 저장하는 것보다 훨씬 신선한 음식을 먹는다. 프로모션에 혹해서 사던 대용량 과자 같은 간식도 줄었다. 간식을 사러 집을 나서는 것도 귀찮아 잘 먹지 않게 되었다. 마트에 갈 때마다 사던 생수는 인터넷 배달을 이용하고 덩달아 사 오던 맥주나 와인은 무거워서 아예 끊기로 했다. 사실 직업이 직업인지라 업무를 핑계로 밖에서 마시는 술만 해도 넘친다. 예상치 못한 술자리에 차를 가지고 갔다가 술을 마시지도 안 마시지도 않는 식으로 어정쩡하게 앉아 있지 않아도 됐다.

언제까지 학교에 데려다줘야 하나 걱정하던 여덟 살짜리 아이는 골목길을 다 외웠다. 버스 번호도 외우고 지하철이 9호선까지 있다는 것도 알게 되었다.

많이 걷다 보니 미국에서 불어난 살도 빠지기 시작했다. 출근길에 좀 앉아서 가보려고 버스를 한 정거장 전에 가서 탄다. 솔직히 여럿이 부대끼는 버스보다 혼자서 나만의 공간을 누릴 수 있는 차가 주는 여유로움을 포기하는 것이 쉽지는 않다. 승객이 꽉 찬 버스를 타고 이리저리 흔들리다 당장 차를 사야겠다고 다짐한 적도 있다. 하지만 꽉꽉 막힌 도로를 기어가는 차량 행렬을 보면 조금만 더 참자는 생각이 들었다.

생활을 불편하게 만들면서 건강은 덤으로 얻었다. 3층 정도는 엘리베이터 대신 계단으로 걸어 다니는데 헬스장에서 지루하게 러닝머신을 돌리지 않았어도 몸무게가 줄었다. 차를 타면 휙휙 지나치던 풍경도 눈에 들어온다. 동네 거리가 세밀하게 머릿속에 새겨진다. 마트에 가면 한 번에 살 수 있는 물건을 동네에서는 철물점, 문구점, 자전거포를 모두 들러야 하기 때문에 그동안 모르던 가게가 입력되었다. 물건 가격이 마트보다 조금 비싸지만 아르바이트생이 아닌 전문가 아저씨한테 이것저것 물어보며 사기에 좋다. 차비를 계산하면 사실 가격도 비슷해진다.

여행도 생각보다 어렵지 않았다. 기차가 곳곳에 닿으니 꽉 막힌 고속도로에서 시간 버릴 일이 없어 좋았다. 지난봄 ITX-청춘 열차를 타고 남이섬에 갔다. 남이섬 입구까지 인근 도로에 차가 일렬로 수 킬로미터나 꼼짝없이 서 있었다. 남이섬에서 기차역까지 택시를 타고 빠져나와 기차를 타고 오니 오히려 시간이 절약되었다. 반나절 여행으로 가뿐히 다녀올 수 있었다.

아이는 자가용보다 버스나 기차를 더 좋아했다. 사실 "엄마 버스 한 번만 타고 싶어요"라고 애원을 했었다. 멀미를 자주 하는 아이는 기차 여행을 오히려 좋아했다. 기차역에서 관광지까지 이동 거리가 길 때는 번거롭기도 하지만 유명 관광지의 주차난을 보면 참을 만하다는 생각이 들었다.

가장 모순적인 것은 차를 없애고 나서 주말에 아이와 놀러 가는 일이 많아졌다는 점이다. 차가 있을 때는 각종 경조사에 친척 집 행사까지 갈 곳이 많았다. 차가 없어지자 꼭 가야 할 경조사를 선별하기 시작했다. 대중교통으로 움직이니 재정적 부담이 줄고 운전하면서 겹치는 피로감이 사라지면서 가까운 명소가 눈에 띄기 시작했다. 남편이 좋아하는 과천 국립현대미술관, 서울시립미술관, 덕수궁 미술관, 삼청동 국립현대미술관

등 미술관부터 아이가 좋아하는 서대문구 안산, 관악산 등 산까지 차례로 정복하기 시작했다. 인사동 골목, 이태원 맛집, 가을철의 각종 마을 축제 등 멋진 하루 여행 코스에 대한 정보는 인터넷만 열면 널려 있다.

단 한 가지 발목을 잡는 것은 작은 호텔에서 열린 아이의 유치원 졸업 식 같은 모임에 나갈 때 나도 모르게 남과 비교하는 경우다. 사실 차의 목적은 사람을 한 장소에서 다른 장소로 이동시키는 것이다. 에리히 프 롬이 말한 것처럼 풋사랑이 금방 식듯이 헌 차에 금세 싫증을 느끼고 새 차를 잘 사려고 물색하는 게임을 경계한다. 물론 좀 더 안락하게, 빠르게 이동했으면 하는 바람이 있지만 이는 우리 가족을 위한 욕구라는 점에 서, 남에게 잘 보이고 싶어 하는 것과는 사뭇 다르다고 믿는다. 그럼에도 남의 이목을 무시하는 것은 쉽지 않다.

박원순 서울시장의 의전을 맡은 직원이 호텔에만 가면 시장의 차량을 못 대게 해 난감했다는 일화를 들려준 적이 있다. 박 시장이 차량을 대 형 세단에서 카니발로 바꾼 것이 원인이었다고 했다. 가는 호텔마다 설 명을 해주었는데, 그래도 경호원 차인 줄 알고 막는 경우가 더러 있었단 다. 경차나 소형차를 몰던 전 장관들도 비슷한 경험을 했다고 한다. 많은 정·관계 인사들이 차의 크기나 브랜드에 대해 의미를 두지 않는 분위기 가 조성되는 가운데도 바뀌지 않는 관행을 보면 소유한 물건으로 그 사 람을 평가하는 문화는 쉽게 바뀌지 않을 것 같다.

우리 집에 차가 없다는 것을 알게 되면 주위의 반응은 크게 두 가지다. 불편하지 않느냐고 묻거나, 차를 살 형편이 안 되느냐는 측은한 눈빛을 보이는 경우다. 서울에 살면서 사실 차가 왜 필요하냐며 호응하는 사람도 있었지만 그렇게 말한 그도 좋은 차를 타고 앞질러 갔다.

차를 없애고 나서 남의 시선을 느끼면서 색다른 존경심이 생겼다. 차를 오래 사용하는 사람에 대해서다. 이동 수단이라는 차의 목적에 충실하게 사용한다. 다른 사람의 이목보다 자신의 필요를 중시한다는 생각 때문이다. 15만km를 달린 SUV를 타는 지인에게 차를 바꿀 때가 되지 않았느냐고 물은 적이 있었다. 그는 1년에 두 번만 카센터에 맡기고 정비만 잘하면 20만km도 더 탈 수 있는데 무슨 말이냐며 의아해했다. 그 말을 이해하지 못했던 당시의 나는 지금 나를 신기한 시선으로 바라보는 사람들과 별 차이가 없었을 것이다.

나 역시 차를 빨리 사야겠다고 서두르기보다 차를 사게 되면 오래 써야겠다는 결심을 했다. 소비가 아니라 온전한 이동 수단으로 차를 제대로 사용하기 위해서 말이다. 차가 탄생한 고유 목적으로 이용한다면 어떤 차를 사게 되더라도 단순한 삶이라는 원칙에서 크게 벗어나지 않을 것 같다.

보통 차는 5년을 내다보고 사야 한다는 조언을 들었다. 그 이유가 지금 대리라면 5년 후에 과장이 되어 있을 것이고, 지금 과장이라면 5년 후에 부장이 되어 있을 것이기 때문이라고 했다. 앞으로의 사회적 지위에 걸맞은 차를 사야 한다는 취지였다. 글쎄, 5년 후에 내가 어떻게 살고 있을지 모를 일이다. 사회는 빠르게 변하고, 인생을 한 치 앞도 예상할 수 없다. 사회적 지위, 유행 등을 따라가는 것은 영원한 추격으로 삶을 피폐하게 만들 수도 있다. 5년을 앞당긴 소비란 낭비의 다른 말일 게다.

자발적
불편을
누리다

더없이 풍요로워진 세상은 개인의 삶을 어떻게 바꾸었을까? 현실을 사는 내가 아니라 온라인 네트워크에 사는 내가 더욱 나처럼 느껴지도록 내버려둔다면 우리는 네트워크상에서 남에게 보이는 삶을 잘 살기 위해 인생의 많은 부분을 허비해야 한다. 페이스북, 블로그, 트위터, 카카오톡 등 네트워크마다 각기 다른 얼굴을 하고 '네트워크 인생'을 살다 보니 극심한 피로를 느끼는 것은 이미 많은 이들이 겪는 일이다.

사실 인터넷은 지금까지 나온 어떤 발명품보다 편리함을 주었다. 하지만 편리함이 곧 삶을 단순하게 만드는 것은 아니다. 인터넷은 편리하게 정보를 주었지만 현실과 다른 나를 보여주고 현실과 다른 남을 받아들여야 하는 복잡함을 선사했다. 많게는 수십 개의 아바타가 돌아다니며 나를 보여준다. 네트워크에서 개인은 수십 명이 되어 많게는 수억 명과 관계를 맺는다. 편리하게 관계를 맺지만 생각은 복잡해졌고, 관계에 들이는 에너지는 감당할 수 없을 정도로 늘었다.

나를 기준으로 보면 통상 10km 거리의 백화점까지 직접 걸어가는 것은 힘들고 에너지도 많이 든다. 대신 가장 간단한 방법이다. 지도와 두 다리만 있으면 된다. 자동차는 개인의 기준에서 훨씬 편리하지만, 자동차를 만들고 구매한 후 유지하는 데 투입된 에너지와 휘발유까지 더한다면 인류 전체와 지구 입장에서는 훨씬 복잡하고 투입된 에너지도 너무 크다. 마트에 다녀온 뒤 싸게 샀다고 만족하다가도 밀려오는 피곤함에 조금 비싸더라도 동네 가게가 나은 것 아닌지 의심을 품는 것도 같은 사례다. 마트는 동네 가게보다 단순하고 편리하게 진열한 데다 동선도 단순하지만 결정적으로 동네 마트 주인처럼 바로바로 물을 수 있는 사람이 없다. 단순한 삶은 오히려 적당한 불편함에서 오는 경우가 많다. 산사의 스님이 스스로 장작을 패고 물을 긷고 채소를 기르지만 고즈넉한 것과 같이 말이다.

···

생활을 불편하게 만들어 불필요한 소비 줄이기

요리를 하는 것도 마찬가지다. 1년간 휴직을 하면서부터 집에서 음식을 해 먹어야 하는 상황에 맞닥뜨렸다. 초반에 마늘 찧는 기계, 감자 써는 기계, 튀김기, 달걀 프라이용 팬 등을 사들이기 시작했다. 요리 한번

더없이 풍요로워진 세상은

개인의 삶을 어떻게 바꾸었을까?

하려면 싱크대는 자리가 부족했고 설거지는 산더미처럼 쌓였다. 요리에 조금 익숙해질 무렵에는 번거로워 기계를 사용하지 않게 되었다. 알고 지내던 동네 이웃은 칼과 프라이팬이면 이 모든 요리가 가능했다.

이것이 일부러 불편하게 사는 방법에 대해 고민하게 된 이유다. 여기에 '자발적 불편'이라는 이름을 붙였다. 최근 대안적 삶으로 종교학자나 인문학자들이 제안하는 '자발적 가난'에서 힌트를 얻었다. 자발적 가난은 성장 논리에 중독되어 과도한 부를 추구하던 현대인이 부를 늘리는 대신 욕망의 크기를 줄임으로써 진정으로 충만한 삶을 찾자는 개념이다. '자발적 불편'도 같은 취지의 개념이다. 생활을 불편하게 만들면 몸은 더 움직여야 하고 불필요한 소비는 줄어들 수밖에 없다. 내 경우는 '자동차 없이 살기'에서 얻은 교훈을 생활 전반으로 확장시켰다. 이른바 집 안 개조다. 집을 불편하게 만들기 시작했다.

방마다 있던 쓰레기통을 줄였다. 쓰레기를 버리려면 걸어서 베란다로 가거나 아니면 화장실에 가야 한다. 나름 정리벽이 있어서 귀찮아도 바로 휴지를 버리고 온다. 일부러라도 움직이게 되고 쓰레기도 줄어든다. 집 안도 깔끔해진다. 집 안 여기저기 휴지통 비우는 것도 일이었다. 휴지통을 줄이니 자주 비워야 하지만 위생적이고 일도 줄었다.

김치냉장고를 살까 말까 고민했는데 차를 가지고 가서 장을 보는 게 아니니 사실 냉장고가 꽉 찰 일이 없다. 채소나 과일을 한꺼번에 많이 사지 않는다. 장을 보면 충동구매로 한두 개씩 꼭 사 오던 알록달록한 음료수도 사지 않는다. 집까지 들고 오기 무거워서다.

소파도 치웠다. 대신 식탁과 테이블을 겸한 기다란 다이닝 테이블을 놓았다. TV를 보려고 누울 수도 없다. 늘어져서 TV 보는 시간이 줄었다. 테이블에 앉으면 TV가 아니라 서로 얼굴을 마주 보게 된다. 두런두런 이야기도 늘었다.

사실 누구나 건강하게, 행복하게 살고자 하는 바람과 의지를 가지고 있지만 꾸준히 실천하기가 어렵다. 그래서 의지가 쉽게 꺾이지 않도록 다소 불편한 환경을 만들기로 했다. 가구 배치를 조금 바꾸면 가족의 대화를 늘릴 수 있고, 휴지통을 줄이면 걷는 시간을 늘릴 수 있다. 차를 없애면 생활 패턴을 완전히 바꿀 수 있다.

모바일 뱅킹도 하지 않는다. 인터넷 뱅킹도 비상용으로 한 계좌만 남겨두고 모두 정리했다. 개인 정보를 탈탈 털린 마당에 범죄 위험도 줄일 수 있고, 복잡한 아이디와 비밀번호를 외우기 위해 쩔쩔매지도 않는다. 실제로 아이디와 비밀번호를 자꾸 잊어 오류를 풀기 위해 은행을 방문한 적도 있다. 돈을 찾거나 보내는 일은 현금 자동 입출금기ATM에서 해결한다. 인터넷뱅킹으로 곤란을 겪으며 직접 은행 창구에 들르지 않아도 됐다. 요즘 같은 시대에 원시인같이 보는 사람도 있을 수 있지만 계좌 이체를 위해 인터넷뱅킹을 하든 ATM을 이용하든 시간 차이는 거의 느끼지 못한다. 허술한 보안은 은행 잘못인데 인터넷뱅킹을 자꾸만 복잡하게 만드는 데 울화통이 터지던 차에 인터넷뱅킹은 거의 끊어버렸다.

월급 통장을 새로 만들면서 신용카드도 만들지 않았다. 체크카드나 통장을 들고 다니면서 현금을 찾아 쓴다. 신용카드와 달리 현금이나 체크카드는 돈이 없으면 쓰지 않게 된다. 특히 통장은 매번 잔고를 확인하게 되니까 지출 계획도 다시 세우게 된다. 귀찮아서 돈을 덜 쓰게 되는 효과도 있다.

인터넷뱅킹을 위한 공인 인증서를 노트북에 깔지 않으면 인터넷 쇼핑도 불가능해진다. 인터넷을 하다가 부지불식간에 쇼핑몰을 클릭하고 무엇엔가 홀린 듯 물건을 사는 일이 없어졌다. 광고를 잘못 눌러서, 메일로 보내온 프로모션에 혹해 당장 필요하지 않은 물건을 사고 후회한 일이 얼마나 많은지 모른다. 인터넷에서 클릭 몇 번으로 물건 구입이 가능하지만 반품이나 환불은 이에 비하면 복잡하다. 구매는 쉽게, 취소는 어렵게 만들어놓은 것이다. 이에 따라 노트북에 공인 인증서를 깔지 않고 스스로 구매를 어렵게 하는 장치를 해두었다. 공인 인증서를 깔지 않거나, 쇼핑몰 회원 가입을 하지 않는 방식으로 카드사가 권하는 '간편 결제'가 아니라 나만의 '복잡 결제' 절차를 만들어두자 카드 이용 대금이 저절로 줄어들었다.

집에 있는 컴퓨터에만 공인 인증서를 깔아두었다. 그래서 낮에 회사에서 인터넷 쇼핑을 하는 경우 쇼핑몰 장바구니에 상품을 담아두었다가 집에 가서 결제를 해야 한다. 그러다 보니 낮에는 꼭 필요하다고 느꼈던 옷이 결제하려고 다시 보면 그다지 예뻐 보이지 않거나 장롱 안에 비슷한 옷이 걸려 있는 경우도 있고, 혹은 결제할 생각조차 나지 않아서 그냥 지나치기도 한다. 쇼핑과 결제 시간에 차이를 두었음에도 사게 된 물건은 정말 긴요한 것들이었다. 아니면 정말 오랜만에 만난 마음에 꼭 드는 물건이었다.

　적당한 불편을 기반으로 한 사회적 실험도 있었다. 서울 영등포 노숙자촌에는 한 시민 단체가 운영하는 '브레이킹 뱅크'가 있다. 이곳은 수기 통장만 쓴다. 주말에는 은행 문을 닫는다. 신용카드는커녕 ATM도 없다. 인터넷뱅킹도 없고 저축과 출금 모두 창구에서만 가능하다. 창구 직원은 노숙자가 저축할 때 칭찬을 해준다. 또 저금한 돈을 찾아가려 하면 어떤 용도에 쓸 건지 묻는다. 노숙자들은 타인의 참견에 돈을 찾으려다 그냥 만다. 그들이 소주 한잔이나 경마에 날릴 돈을 불편한 인출 방식으로 지켜주는 것이다. 그 결과 노숙자들은 적게나마 돈을 모으게 되었다. 노숙자 100여 명이 각각 100만 원 이상 돈을 모아 정부가 제공해준 임대주택에 입주했다. 우리가 누리는 편리함이 과연 우리 삶을 풍요롭게 하는지, 단지 기업의 이윤을 불리기 위한 것인지 다시 한 번 성찰할 필요가 있다.

…

자발적 불편의 참고서

　자발적으로 불편을 즐기는 실험을 해보자고 마음먹은 후 지금껏 내가 당연히 여겼던 생활 방식이 얼마나 낭비가 심했는지 알 수 있었다. 자발적 불편을 즐기기 위한 나의 참고서는 《넛지Nudge》(리더스북, 2009)였다. '넛지'의 원래 뜻은 '팔꿈치로 슬쩍 찌르다' 혹은 '주의를 환기시키다'이

자발적 가난은 성장 논리에 중독되어

과도한 부를 추구하는 현대인이 부를 늘리는 대신

욕망의 크기를 줄임으로써 진정으로 충만한 삶을 찾자는 개념이다.

'자발적 불편'도 같은 취지의 개념이다.

생활을 불편하게 만들면 몸은 더 움직여야 하고

불필요한 소비는 줄어들 수밖에 없다.

지만 이 책에서는 '타인의 선택을 유도하는 부드러운 기술' 정도로 해석할 수 있다. 의지를 강화시키는 것이 아니라 환경을 바꾸는 것만으로 선택이 달라진다는 것이 주된 내용이다.

예를 들어 니코틴 패치가 금연의 최선이라고 흔히 생각하지만 이런 예가 있다. 필리핀의 한 은행이 담뱃값을 저금하는 계좌를 제공했다. 이 계좌에 입금한 담뱃값은 6개월 후 피검사를 하고 돌려받게 되는데 검사 결과 통장주가 담배를 피운 것으로 드러나면 적립액이 자선단체에 기부된다. 이 계좌를 통해 니코틴 패치로도 담배를 끊지 못하던 사람들의 금연 성공률이 53%나 증가했다.

이를 토대로 '자발적 불편'을 '적당히 불편한 환경을 만드는 게임'으로 정의하고자 한다. 억지로 하면 노동이고 즐기면 취미라는 말도 있다. 스스로 적당히 불편하게 만드는 것은 블록 쌓기 놀이와 같다. 아이들은 조립을 완성해 판매하는 로봇도 좋아하지만 블록으로 본인이 원하는 때 본인이 원하는 것을 만드는 수고를 더 즐기곤 한다. 단추 한 번 누르면 곧바로 나오는 CD를 제쳐두고, 진공관을 닦고 LP를 꺼내 닦아 조심스레 턴테이블에 올려놓는 수고를 마다하지 않는 어른처럼 말이다. 자발적 불편은 내가 원할 때 내가 원하는 방식대로 내 삶을 만들 수 있는 일종의 게임인 셈이다.

가족을 위한 작은 '넛지'를 만드는 일은 그리 어렵지 않았다. TV가 눈에 나쁘고 가족 간의 대화 시간을 줄인다고 버릴 수는 없지만 소파를 치우는 것만으로도 TV 시청 시간이 줄어들었다. 조금씩 자주 사는 쇼핑 방식도 건강과 절약을 위해 바꾼 것이다. 집 앞 가게가 문을 닫은 이후에야 집에 들어가는 부부도 있겠지만, 그런 경우가 아니라면 금방 효과를 알게 될 것이다. 유통기한이 지나거나 썩어버리는 식품이 사라지고 남는 음식도 줄일 수 있다. 식재료의 생산부터 소비까지의 기간이 짧아지고, 이는 건강에도 좋다.

걷는 시간을 늘리는 것도 좋은 불편함이다. 계단을 걸어 올라가는 방식도 좋고 한밤의 산책도 좋다. 점심 약속 장소까지 20~30분 정도 걷는 것도 좋다. 니체는 "모든 위대한 생각은 걷는 데서 나온다"라고 했다. 걷는 것은 몸과 정신 모두에 주는 즐거운 불편함이다. 나는 자전거로 출퇴근하거나 헬스장에서 꾸준히 운동하는 사람들만큼 그런 강한 의지를 갖지 않았다. 평범한 도시의 일상을 사는 사람이라면 불편함으로 몸과 마음을 위한 운동을 대신해볼 수 있다.

마지막으로 '의지가 부족한' 평범한 도시민을 위한 자발적 불편이라는 전제에 대해 의지가 강한 사람이라면 제기할 만한 문제를 말하고자 한다. "스스로 적당한 불편을 만드는 대신 강한 의지를 키워 강단 있게 운동이든 절약이든 하면 될 것 아닌가"라고 말하는 사람도 분명 있을 것이다. 나는 우선 강한 의지의 소유자가 아니며 이는 같은 시대를 사는 이웃에게 자연스러운 현상이라고 생각한다. 유혹이 넘치는 현대사회에서 모든 것을 초연하게 이겨낼 수 있는 이는 극소수에 불과하다는 이야기다. 소비를 줄이는 문제만 해도 그렇다. 정부는 부실 대출이 문제라면서 각종 정책으로 대출을 늘리고 소비를 국가 경제성장률을 견인하는 미덕으로 포장한다. 금융사들은 금융 교육이라면서 초등학생들에게 투자 개념을 우호적으로 가르친다. 기업들은 각종 광고와 판촉물로 소비자의 마음을 흔든다. 따라서 소비를 줄이겠다는 의지가 있어도 속을 때가 있으며, 이들의 수많은 시도에 신경 쓰고 경계할 여유와 에너지가 부족해 알고도 속을 때가 있고, 자신도 모르게 속는 경우도 생긴다. 자발적 불편은 나의 의지를 돕기 위한 장치인 셈이다.

‘자발적 불편’을
‘적당히 불편한 환경을 만드는 게임’으로 정의하고자 한다.
억지로 하면 노동이고 즐기면 취미라는 말도 있다.
스스로 적당히 불편하게 만드는 것은 레고 놀이와 같다.

사교육
거리 두기

누군가 동료들과 보조를 맞추지 않는다면 그것은 다른 북소리를 듣고 있기 때문일 것이다. 그 북소리가 박자에 맞든 종잡을 수 없든 간에 자신의 귀에 들리는 북소리에 맞춰 걷도록 하라. 사과나무나 떡갈나무처럼 빨리 성숙해야 할 이유는 없다. 남들과 보조를 맞추려고 자신의 봄을 여름으로 바꿔야 하는가?

헨리 데이비드 소로의 《월든》(현대문학, 2011)에서 가장 감명받은 구절이다. 물론 가끔은 세상과의 단절이 필요하며, 남과 다른 길을 가더라도 그다지 외로워할 필요가 없다는 의미에서 우리의 앞날에 대한 귀한 격언이었다. 이 구절이 아이를 키우는 데 절실하게 될지는 이 책을 읽을 무렵에는 전혀 알지 못했다.

처음에는 울컥하는 마음을 다스리기 어려웠다. 아이가 학원에 안 가겠다며 드러누웠을 때다. '힘들다'고 호소하는 횟수가 점차 많아지더니 툭 하면 짜증을 부리기 시작했다. 잠들기 전에 작은 트집을 잡아 신경질을 내고, '내일 왜 토요일이 아니냐'며 발버둥을 치다 잠들었다. 아침이면 누가 깨우지 않아도 "아, 잘 잤다"라며 웃는 얼굴로 일어나던 순한 아이였는데 어느 날부터 제대로 눈도 뜨지 못한 채 "오늘은 학원 안 가!"라고 소리를 질러댔다.

숙제가 부담스러웠을까? 저학년 때 숙제하는 습관을 잡아야 한다는 선배 엄마들의 조언에 따라 수첩에 가득 숙제를 적어놓고 출근했다. 양치질하기부터 학원 숙제까지 줄줄이 적어놓고 마치고 나면 목록을 하나씩 지우도록 했다. 이게 스트레스를 준 것일까? 알 수 없었다.

아이의 반응을 보면서 먼저 숙제부터 줄여보았다. 하지만 아이의 상태가 나날이 나빠지는 것이 눈에 보였다.

압권은 바로 그날이었다. 아이가 아침에 일어나자마자 피아노 숙제를 한다면서 '예쁜 아기 곰'을 구슬프게 부르던 날. "동그란 눈에 까만 작은 코, 하얀 털옷을 입은 예쁜 아기 곰"에 이어 "언제나 너를 바라보면서 작은 소망 얘기하지. 너의 곁에 있으면 나는 행복해"를 부르는데 그렇게 슬픈 노래는 들어본 적이 없었다. 엄마, 아빠의 기대에 부응하기 위해 숙제는 해야겠는데 놀고는 싶고, 눈뜨자마자 숙제를 해치워야겠다는 생각이었는지 피아노를 두들겨대면서 노래를 불렀다. 순한 아이는 그런 식으로 슬픈 저항을 했다.

그동안 나는 아이에게 과도한 사교육을 시킨다고 생각해본 적이 없었다. 주변을 둘러보면 영어 학원, 수학 학원은 기본이고 악기에다 운동까지 곁들이지 않은 아이가 없었다. 하루 종일 학교와 학원에서 지내다가 해가 지고 나서야 집에 들어오는 아이도 많았다. 놀이터에 놀라고 내보내도 친구를 만나기 힘들었다. 고작 영어 학원, 학습지 한 개, 피아노만 시켰을 뿐인데… 아이는 소화하기 버거웠나 보다.

한 달 즈음 버텨보았다. 힘들다고 모두 그만두게 하면 아이에게 잘못된 습관이 든다는 조언이 많았다. 처음에 고비가 찾아오지만 조금 지나면 적응한다고 했다. 학원에서 만난 비슷한 실력의 아이들과의 네트워크도 중요하다고 했다. 앞으로 하기 싫은 일은 안 해도 된다고 생각하면 어쩌나, 걱정이 앞섰다. 어렵게 말문이 트인 영어를 포기하기 아까웠다. 우리 부부의 육아 방식이 잘못되었다는 지적을 수용하고 싶지도 않았다. 우리 아이에게 시키는 사교육이 과하다는 평가를 내리면 마치 우리가 나쁜 부모라는 것을 받아들여야 할 것만 같았다.

그런데 눈물 젖은 목소리로 '예쁜 아기 곰'을 부르는 모습을 본 순간 아차 싶었다. 아이마다 다르게 생겼는데 내가 표준과 정상을 정해두고 아이를 맞추려고 하지 않았나 싶었다. 남들만큼 해야 한다고 강요하고 있었던 것이다. 평생 남들만큼 사느라고 피곤해하면서 내 아이에게도 같은 길을 가라고 강요하고 있었다.

당장 영어 학원을 끊었다. 미국에 다녀온 뒤 영어 실력을 유지해야 한다는 압박감이 있어서 영어를 그만 시키자고 결심을 하기는 어려웠다.

한국에서 지내면 영어를 금방 잊어버리게 된다는 조언이 머릿속을 맴돌았다. 하지만 영어가 필요할 때 다시 공부하면 된다고 마음먹었다. 그래도 '지금 잘하고 있는데 그만두면 꾸준히 한 아이들을 따라잡기 힘들다' '사립학교 다니는 아이들에 비하면 많이 하는 편이 아니다'라고 설득하는 학원 선생님의 말을 듣고 있자니 마음이 흔들렸다. 고민을 거듭하다 결국 그만 다니게 하기로 결정했다.

학원을 그만둔 첫날, 다시 가슴이 무너졌다. 누가 시키지도 않았는데 아이가 영어 학원 책을 수십 장이나 풀어두었기 때문이다. 학원을 안 가도 공부는 해야 한다는 압박감이 있었던 모양이다. 어려서부터 권위에 약하고, 책임감이 강하고, 잔소리 듣는 걸 싫어했다. 대충 하고 논다거나 숙제를 안 하고 혼나는 쪽을 택하지 못하는 아이였기에 아마도 스트레스가 더 심했으리라. '논다'는 것에 죄책감을 느낀 모양인지 영어책을 붙들고 종일 씨름했던 모양이다. "내일부터 진짜 놀아도 돼"라고 말하자 아이는 정말인지 의심하는 표정으로 나를 쳐다봤다. 그러고는 슬며시 미소를 지었다.

영어 학원을 그만둔 지 이틀째 되던 날, 아이 표정이 달라졌다. 옥구슬 굴러가는 소리를 내며 웃는 아이를 보며 급격한 변화에 깜짝 놀랐다. 그러고 보니 신나게 뛰어놀고 까르르 웃어대는 모습을 본 게 언제인가 싶었다. 그토록 인정하고 싶지 않았지만 분명 과도한 욕심이 아이를 힘들게 했던 것이다. 일주일이 지났을 때 '아이 표정이 밝아졌다'며 이웃들이 인사를 건넸다.

처음에는 만화책에 푹 빠져 빈둥거리던 아이가 스스로 시간을 채워가기 시작했다. 놀이터에 나가 놀다가, 혼자서 한자 시험지를 만들어 선생님 노릇을 하다가, 신나게 피아노를 치며 노래를 불렀다. 지구본을 보고 나라 이름을 적어보기도 하고, 그림을 그리기도 했다. 숙제도 미루지 않고 스스로 해냈다. 학원을 끊은 지 딱 일주일이 되던 주말, 욕조에서 물장난을 치며 목욕을 하던 아이가 쩌렁쩌렁한 목소리로 외쳤다. "엄마 사랑합니다." 눈물이 핑 돌았다.

…
학원을 끊고 나서 달라진 점

사실 학원을 끊은 뒤 진짜 행복해진 건 아이보다 우리 부부였다. 퇴근 후에 피곤한 몸을 이끌고 숙제를 봐주고 나면 금방 아이가 잘 시간이 되었다. 이미 잔뜩 짜증이 난 아이를 달래 씻기고 재우고 녹초가 되었다. 하루를 어떻게 보냈는지 제대로 대화조차 나누기도 어려웠다. 남자아이라 워낙 미주알고주알 이야기하는 법이 없었지만 이미 부모에게 불만이 가득한 아이는 학교생활에 대해 입을 꼭 닫았다.

부모로서 아이에게 정작 가르쳐야 할 것을 가르치지 못했다. 숙제를 다 하고 자게 하려면 이리저리 달래고 비위를 맞춰야 했다. 놀고 난 장난감을 정리하지 않아도, 입을 삐죽 내밀고 엄마한테 인사를 하지 않아도 크게 혼을 낼 수가 없었다. 안쓰러운 마음 반, 달래서 숙제를 시켜야 한다는 마음 반이었다. 부모가 아니라 숙제 도우미로서 역할만 남았다.

학원을 줄이고 나서는 '밥은 흘리지 말고 먹어야 한다' '어른들과 친구한테 인사 잘해야 한다' '부모에게 화를 내는 건 잘못되었다'라고 당당히 훈육한다. 자신 있게 부모 노릇을 할 수 있게 되자 그간 사랑의 방식이 잘못되었음을 알게 되었다. 아이에게 빈둥거릴 시간, 혼자서 결정할 시간을 주어야 아이가 시간을 채워가며 커갈 수 있다. 부모가 아이를 조종할 수 있다는 과도한 기대를 비우고 넉넉한 빈틈을 만들어주어야 아이가 무럭무럭 자신의 인생을 잘 만들 수 있는 것 같다.

아이가 자라면 부모는 아이의 행동을 제한하고 자꾸 요구하는 것이 많아진다. 이렇게 되면 아이는 자기를 틀에 가두게 된다. 그래서 지금의 착한 아이가 뒤늦게 문제아가 되는 길을 택하기보다 스스로 '싫다' '힘들다'고 표현해준 것이 얼마나 다행인지 모른다. 어쩌면 꼬박꼬박 말대답하는 얄미운 아이가 더 건강하게 자라고 있는 것이다. 만약 잠자코 순응하기만 했다면 아이의 마음이 슬프다는 것도 알아채지 못했을 것이다.

2014년 신문 신년 기획 가운데 가장 기억에 남는 것이 '행복 충전 코리아' 시리즈다. 기사에서는 부모들에게 "자녀의 꿈을 아시나요?"라는 질문을 던졌다. 이 기사는 학교조차 교육제도가 요구하는 능력만을 부여하고 개개인을 붕어빵처럼 찍어내고 있다고 진단했다. 사회는 급속하게 변하지만 사농공상(士農工商)에서 비롯한 뿌리 깊은 직업의 귀천 의식 때문에 모두가 획일적으로 공부를 해야만 한다. 교육의 현실은 아직까지 대량 생산, 대량 소비라는 산업화 모형에 머물러 있다.

남들이 가는 길 위에서 뒤처지지 않으려면 '교육의 공식'을 따라야 한다는 이들이 늘고 있다. 부모들도 수십 개의 공식을 정해놓고 아이를 어느 길로 밀어붙일지 저울질한다. 기사(《동아일보》 2013년 4월 15일 자)의 한 대목은 이렇다.

예를 들어 서울 노원구에 사는 학부모는 '다섯 살 때부터 피아노, 태권도, 영어 3종 세트를 시키고→S나 Y 사립초에 보내고→공립 중학교에 잘 적응할 수 있도록 4, 5학년 때 공립 초등학교로 전학을 시키고→특목고가 안 되면 최소한 일반고 중 Y고 이상에 배정받도록 하고→그 이하 고교에 배정받으면 다른 지역으로 이사를 한다'는 식의 시나리오를 세워 놓는 이들이 많다.

사실 나는 이 기사를 보며 극성스러운 부모를 한심해하는 한 명의 독자였다. 아이의 인생을 완벽하게 통제하는 게 가능하다고 믿는 어른들이 문제라고 생각했다. 하지만 깨어 있는 부모라고 자부하던 나 역시 다르지 않았다. 비록 사교육의 강도는 이들보다 약할지 몰라도 아이가 남들이 가는 길에서 벗어나는 것을 용납할 자세는 되어 있지 않았다. 인생에서 방향보다 속도를 더 중요하게 생각한 나의 과거를 통렬히 반성해야 했다. 반항하는 아이는 내게 그런 깨달음을 주었다.

부모 세대는 열심히, 부지런히 살면 성공을 일굴 수 있었다. 그러나 지금은 다르다. 무작정 열심히 공부만 하라고 아이를 재촉하다가는 엉뚱

한 방향으로 인도할 수 있다. 실패를 부추길 수도 있고 자신감을 잃게 할 수도 있다.

...

안정적인 직업이 사라진 현실, 자녀 교육은 어떻게 바꾸어야 할까?

부모 세대에서 자녀 교육은 노후 대책의 일환이기도 했다. 하지만 잘 자란 자녀 한 명이 열 보험 부럽지 않은 시대는 갔다. 자녀에게 올인하다가는 노후도 보장받지 못하고, 성공도 장담할 수 없으며, 괜히 자녀와의 관계만 나빠진다.

느림보 부모가 되자, 그렇게 결심했다. 아이가 배시시 웃기만 해도, 손가락을 까닥이기만 해도 밀려오던 처음의 감동을 잊은 채 아이가 클수록 욕심을 부리게 된다. 아이의 인생을 단기간에 결정지으려는 조바심을 버려야겠다. 지금은 아이의 삶을 아이가 주도적으로 꾸려가도록 도와줘야 하는 시기다.

사교육은 시키면 시킬수록 불안해진다. '누구 아이는 어떤 공부를 하는데'라고 비교하며 아이들을 경쟁시키는 불안 마케팅으로 학원은 날로 번창한다.

모든 나무가 사과나무나 떡갈나무처럼 빨리 성숙해야 할 이유는 없다. 남들과 보조를 맞추려고 자신의 봄을 여름으로 바꿔야 하는가? 오직 아이만 바라보고 믿어보고 싶다. 아이의 내면에는 스스로를 성장시킬 분명한 힘이 있다.

　우리 부부가 느림보 육아를 위해 세운 규칙은 크게 다섯 가지다. 아이가 힘들어할 때는 가장 중요하다고 생각하는 학원을 끊자는 것이 첫째다. 아이는 노는 시간이 부족한 것이 아니라 스트레스가 과중한 것이 대부분 문제의 원인이다. 가장 긴 시간을 보내는, 가장 중요하게 생각하는 학원을 과감히 끊으면 변화가 가장 크다. 쓰기를 읽기 학원으로, 연산을 도형 학원으로 바꿔봤자 아이에게는 똑같은 학원이다. 아이는 할 수 있을 때 스스로 말한다. 우리 아이의 경우는 영어 학원을 끊은 지 1년 만에 학교 방과 후 영어 수업을 하겠느냐고 묻자 좋다고 했다. 일주일 내내 매일 가는 학원이 아니라 일주일에 두 번 가는 것이라서 그런지 힘들어하지 않고 즐기는 모습도 보인다.

　또 정보를 가장한 광고를 멀리하기로 했다. 학원 광고, 학원 설명회 등 각종 정보에서 멀어지기로 했고, 주변 학부모들이 학원에 대한 조언을 들려줄 때면 내 아이에게도 반드시 적용되는 것은 아니라는 생각을 떠올린다.

　아이에게 빈 시간을 허락하기로 했다. 가끔은 아무 하는 일 없이 빈둥거려도, 게으름을 피워도 내버려둔다. 배운 것을 정리하는 것일 수도 있고, 상상력을 한껏 발휘하고 있을 수도 있다. 몸은 쉬어도 머리는 쉬지 않는다. 어릴 때 공부를 너무 많이 하면 정작 공부를 꼭 해야 할 때 지치더라는 선배들의 조언을 믿어보기로 했다.

　아이한테 돈을 아끼자는 규칙도 만들었다. 사실 맞벌이 부부는 아이에게 비싼 장난감, 비싼 옷을 사주면서 최선을 다한다고 착각하곤 한다. 혹은 시간을 함께 보내지 못하는 것을 보상한 것으로 여긴다. 하지만 돈 대신 아이에게 시간을 써야 한다. 아이와의 유대 관계는 돈으로 살 수 없다. 오히려 적당한 물질적 결핍은 좋은 교육 방법일 때도 많다.

마지막으로 내 아이와 남의 아이를 비교하지 말기로 했다. 내 아이는 그 아이만의 속도가 있다. 토끼의 속도를 내더라도, 거북이의 속도를 내더라도 도착하는 지점은 같다. 아이는 계속 성장하고 있기 때문에 목적지에 빨리 도착하는 것이 큰 의미가 있는 것은 아니다. 조바심 부려봤자 아이만 피곤하다. 사실 이 믿음이 가장 실천하기 어려웠다. 중·고등학생이 되면 석차가 곧 대학을 결정하니 말이다. 하지만 대학이 모든 것을 결정하는 것이 아니다. 대학 뒤에 수많은 패자부활전이, 수없이 많은 출발선이 기다리고 있다.

과소비의
기준은
무엇일까?

인간은 부와 권력을 단순히 소유하는 것만으로는 부족하다. 존경받으려면 부와 권력을 증거로써 제시해야 한다. 가장 미개한 단계를 제외한 모든 문화에서 보통의 사람들은 '고상한 주위 환경'을 갖추고 '비천한 노동'을 면제받음으로써 자존심을 지키고 드높이게 된다. (중략) 세련된 취미, 예절, 생활 습관은 상류 계층에 속한다는 것을 증명하는 유용한 증거이다. 훌륭한 예절은 시간, 열성, 비용이 필요하기 때문에, 자신의 시간과 에너지를 노동에 빼앗기는 사람들은 예절을 습득하기가 어렵다.

–제러미 리프킨Jeremy Rifkin의《소유의 종말》(민음사, 2001)

"요즘 너무 과소비하는 거 아니야?"

"이건 과시 소비 같아."

"충동적으로 물건을 사는 건 안 좋은 버릇이야."

"당신도 소비 중독에 걸린 거 같아."

남편의 잔소리다. 아, 제발. 그냥 돈이나 더 벌어 오라고 하고 싶다. 필요하니 사는 것이요, 긴요하니 들이는 것인데 잔소리가 멈추지 않는다. 값비싼 명품 가방 하나 없고, 한 번에 수십만 원씩 미용실에 지불하지도 않는다. 그럼에도 가끔씩 던지는 남편의 한마디는 단골 부부 싸움 메뉴였다.

단순하게 사는 연습을 시작하면서 자연스레 이 문제를 꺼냈다. 물건을 사고 모으고 쌓아두고 다시 돈을 벌러 나가고…. 돈을 벌어 소비하는 것인지, 소비를 위해 돈을 버는 것인지 모르는 이런 악순환을 끊어보자는 결심을 했다. 그간 집이나 자동차 등 더 많이 소유해서 나의 정체성을 드러냈다면, 이제는 소유의 무게에 짓눌려 나를 잃어버리지 않겠다고 다짐하자는 것이었다.

사실 우리 부부 중 한쪽이 사회적 지위를 성취하려는 욕구가 강했다면 다른 한쪽은 소비적 지위를 성취하려는 욕구가 강했다. 당연히 서로를 이해할 수 없었다. 다행히 마음을 바꾸고 난 뒤 남편의 잔소리가 귀에 들어오기 시작했고 갈등이 좀 줄었다. 하지만 소비의 유형과 과도한 소비를 규정하지 않으면 시간이 얼마 지난 뒤 또 갈등을 빚을 것 같았다.

남편이 가장 많이 한 잔소리는 과소비가 아니냐는 것이었다. 나는 주위 사람들과 비교해 과소비가 아니라고 맞섰다. 과소비는 얼마나 모호한 개념인지 모른다. 소득 수준을 넘어서 소비하는 것을 말하니 비교 대

물건을 사고 모으고 쌓아두고
다시 돈을 벌러 나가고….
돈을 벌어 소비하는 것인지,
소비를 위해 돈을 버는 것인지 모르는
이런 악순환을 끊어보자는 결심을 했다.

상과 시기와 의도와 목적에 따라 달라진다. 월급이 1000만 원인 사장이 30만 원짜리 와인을 즐기는 것은 과소비가 아니지만, 100만 원을 받는 월급쟁이가 10만 원짜리 스테이크를 사 먹는 것은 과소비일 수 있다. 사실 이 월급쟁이가 나머지 90만 원은 정말 알차게 쓰고 있다면 이 단 한 번의 사치를 욕할 사람도 드물 것이다. 이렇게 과소비는 사람마다 생각이 다르니 부부 싸움의 원인이 될 만하다.

...

과소비, 과시 소비, 충동 소비

우리 부부가 찾은 과소비에 대한 가장 합리적인 기준은 한 금융회사에서 내놓은 것이다. 이 기준은 돈을 어디에 어떻게 썼느냐는 소비의 질을 고려하지 않고 금액 기준만 제시하지만 한 번 정도 자신의 소비 수준을 점검하는 데 유용할 듯하다.

여기서 말하는 과소비 기준은 이렇다. 저축 등 금융자산의 1%와 월평균 수입을 더한 액수보다 한 달간 쓴 액수(=월평균 수입-월평균 저축)가 더 많으면 파탄 상태다. 한 달간 쓴 액수, 즉 비용은 관리비, 보험료, 대출이자 등 모든 지출이 포함된다. 이 비율이 70%가 넘으면 과소비 증후군에 걸린 것이고 60~70%이면 평범한 수준, 60%가 안 되면 근검절약형이라고 했다.

쉽게 말해 은행에 1000만 원이 있고 월급이 200만 원인 경우 210만 원(1000만 원×0.01+200만 원)보다 많이 소비했다면 파탄인 셈이다. 또 147만 원 이상 썼다면 과소비에 해당한다. 126만 원 이하로 써야 근검절약형이라고 할 수 있다. 우리 부부는 나란히 앉아서 계산을 해봤다. 다행히 예상을 깨고 과소비 테스트를 무사히 통과했다. 한동안 남편의 잔소리는 없었다. 우리 부부의 갈등이 영원히 봉합된 것은 아니겠지만, 그래도 감으로 서로를 힐난하는 것보다 명확한 기준이 있으니 이 문제에 대해선 복잡한 갈등이 크게 줄었다.

과소비와 다른 과시 소비라는 것도 있다. 말 그대로 제품의 가치보다 자신의 지위를 과시하기 위한 목적으로 물건을 구입하는 것이다. 전문가들은 과시 소비가 가장 쉽게 지갑을 열게 하는 소비 유형이라고 말한다. 가격과 품질 등을 비교하는 것보다 백화점에서 대접받으며 구매하는 것을 좋아한다든가, 실용성이 떨어지더라도 명품이라는 이유로 구매하는 경우다. 과시 소비는 과소비와 달리 사회적 압력을 많이 받는다. 직장 동료나 길거리에서 스쳐 가는 사람들이 든 유명 브랜드 가방에 자꾸 눈길이 간다면 과시 소비를 하기 쉽다.

나는 과시 소비와는 거리가 먼 편이다. 나는 유명 브랜드 가방보다는 고급 서비스를 더 즐기는 편이다. 소유보다는 경험을 소비하는 경우가 많다는 뜻이다. 남에게 자랑할 기회가 거의 없는 침대의 편안함을 위해 남보다 많은 돈을 쓰기도 하고, 즐겁고 편한 여행을 위해 많은 돈을 지불하기도 한다. 명품 화장품보다 마사지 숍에서 지갑을 쉽게 연다. 남에게 보여주기 위한 과시 소비는 반기지 않는다. 그렇지만 경험을 위한 소비는 줄이기가 쉽지 않다. 여행을 가면 꼭 호텔 침대에 누워봐야 하고, 운동을 하면 일대일 코칭을 받아야 하며, 점심을 김밥으로 때워도 피부 관리는 받고 싶은 욕구는 잠재우기가 힘들다.

과소비와 과시 소비를 무사히 통과한 이들도 거의 부딪히는 문제가 충동 소비다. 계획에 없었는데 마트나 시장에서 갑자기 사게 되는 경우다. 바겐세일을 하니 일단 가서 구경이라도 해보자고 생각했거나, 오늘 정말 괜찮은 것 건졌다며 쇼핑의 승리자가 된 느낌이었다면 충동적으로 구매했을 가능성이 크다.

알뜰한 주부들도 쉽게 충동 소비의 덫에 걸린다. '저가 충동구매증'이라는 현상인데 알뜰 쇼핑을 하러 나섰다가 생각보다 싼 물건이 너무 많아 사게 되는 경우를 말한다. 분명 소비자는 상품의 품질과 가격을 비교해 싸고 질이 좋아 산 것이다. 하지만 실제 이렇게 산 물건 중에 별 쓸모가 없는 물건도 제법 있다. 분명 스스로는 합리적이라고 믿고 샀는데 실제로는 충동구매인 셈이다.

미국은 쇼핑 천국이다. 그냥 너무 싸다. 통상 우리나라 부인들은 유명 브랜드의 의류나 식기가 한국의 반값인 것에 놀라고, 남편들은 골프장 입장료가 한국의 10~20%에 불과한 것에 놀란다. 매일 밤마다 서로 자랑한다. 10만 원짜리 옷을 3만 원에 여러 벌 샀으니 10만 원은 아꼈다고. 지난주에 골프장에 다섯 번 갔으니 100만 원은 아꼈다고. 석 달쯤 지나고 나니 통장 잔고가 비어 있다. 분명히 비싼 것은 사지 않았는데 희한하게 돈이 없다. 사실 한국에서 10만 원짜리 옷을 자주 사거나 골프 게임을 그렇게 많이 했을 리가 없다. 합리적 쇼핑이라 여기며 저지른 충동구매의 예다.

특히 미국 마트는 반품의 천국이다. 이웃이 조립식 장난감을 샀는데 조립 과정에서 작은 부품 하나가 없어졌다. 마트에 가서 사정을 말하니 점원이 '애들 장난감에 그렇게 작은 부품을 넣은 제조사 잘못'이라며 바꾸어주었고, 왠지 이득을 본 것 같아 장난감을 하나 더 사서 돌아왔다고 했다.

문제는 친절한 환불 정책 때문에 필요할 것 같은 제품을 모조리 구매해 집에서 써보고 싫은 것을 반품하는 형태로 소비 패턴이 바뀐다는 점이다. 그 결과 필요 없는 물건이 조금씩 늘어가는 것이다. 최근 우리나라 마트에서도 손해를 보는 듯한 정책을 고수하는 이유다.

그래서 나는 소비 패턴을 아주 단순하게 바꿔보았다. 합리적으로 사는 것이 아니라 안 사는 쪽으로 말이다. 물건을 살 때 꼭 필요한 것인지 스스로 반문해보고, 대신 꼭 필요한 것이라 판단되면 오래 쓸 수 있는 좋은 물건을 산다. 대량 구매는 하지 않는다. 자원의 유한성과 환경을 생각해도 그렇다.

마트보다는 집 앞 슈퍼마켓에서 필요할 때 바로 사서 쓴다. 단가는 마트보다 비싼 것 같지만 효용은 훨씬 높다. 맥주를 좋아해 마트에서 습관적으로 맥주를 집어 든다. 여섯 개짜리 캔 한 묶음과 가벼운 안주를 집으면 금세 만 원을 넘어선다. 절주를 외치면서 샤워를 하고 나면 습관적으로 맥주를 마신다. 그런데 집 앞 슈퍼마켓에서 장 보기로 바꾼 이후 절주에 성공했다. 꼭 마시고 싶을 때만 한 캔씩 사 오다가 그마저도 밖에 나가기 귀찮아 물로 대신하기 시작했다. 건강에 안 좋은 습관을 고쳤으니

만 원을 번 것보다 효용이 큰 셈이다. 식구가 많으면 다를 수 있겠지만 단출한 세 식구인 경우에는 더 맞는 방식인 듯싶다.

불필요한 소비를 줄여야 하는 이유

사회적으로도 쇼핑 중독이 문제다. 중독 구매는 주로 불안, 긴장, 우울 등을 극복하기 위해 이루어진다. 미국의 경우 쇼핑 중독은 알코올이나 마약 중독과 같이 취급한다. 성인 인구의 6% 정도가 쇼핑 중독이라고 한다. 대부분 스노브snob 효과에서 시작된다. 남들이 사용하지 않는 희소성 있는 물건을 사서 만족감을 크게 느끼는 것인데 상품이 유행을 타고 대중화되면 더 이상 사지 않는다. 소비가 주는 정서적 만족감에 중독된 셈이다.

심각한 쇼핑 중독이든 상대적으로 가벼운 충동구매나 과시 소비든 이를 막는 방법은 "돈으로 살 수 없다는 것도 있다는 점을 인정하라"라는 문장에서 시작된다는 것에 나는 동의했다. 자존감이나 개성, 인격, 매력 같은 것은 돈으로는 구매할 수 없다는 말이다. 좋은 옷과 훌륭한 외모는 사람을 사귀는 데 좋은 문이 될 수 있다. 하지만 그 문을 열고 들어온 상대에게 정작 보여줄 게 없다면 나의 영역으로 들어와줄 사람이 그만큼 줄어든다. 소유한 물건으로 인생을 채울 수는 없다. 잡다한 물건으로 가득 찬 인생은 피로감만 커질 뿐이다.

충동구매와 같은 비합리적 소비는 사회 탓이라고 할 수도 있다. 교묘한 상술, 남과 다르게 보이고자 하는 욕구, 외모 지상주의 등 사회적 분위기가 소비를 무조건적 선(善)으로 만들기도 한다. 정부는 가계 지출을 늘리기 위해 온갖 정책을 구사한다. 부동산 경기가 죽으면 소비가 줄고 국가 경쟁력이 떨어진다는 것이 주요 논리다. 쓸 수 있을 만큼 쓰라고 해서 가계 부채가 1000조 원을 넘어섰다. 지금쯤은 과소비가 심각한 문제라고 말할 때가 되지 않았을까? 모두 합리적으로 소비하고 노후를 준비하고 진정한 나를 위해 지출하는 방법을 터득하자고 알려야 한다.

고도 성장기에는 미래의 소득이 늘어날 것이라는 전망 아래 과소비나 과시 소비가 가능했다. 하지만 이제 그와 같은 생각으로 소비한다면 빚더미에 올라앉을 공산이 크다. 불필요한 소비를 줄일 수밖에 없고 줄여야 한다.

어떤 면에서 딱 먹고살 만큼만 수렵 채취했던 원시인에 비해 현대인은 불필요한 풍요를 누리고 있다. 우리가 그래서 더 행복해졌을까? 주변 나무에서 갓 딴 과일 대신 멀리서 수확해 가공된 후 오랫동안 태평양을 건너온 과일 통조림을 먹을 수 있게 되었지만, 우리는 달콤하고 씹기 쉽고 장식으로 가득한 과일을 먹는 대신 진짜 과일의 맛을 잊어버렸는지도 모른다. 자발적 가난은 스스로를 불편하게 만들 가능성이 크다. 그럼에도 내핍 생활을 선택하는 것은 삶의 본질적 가치에 닿을 수 있는 길이 열릴 가능성도 커지기 때문이다.

소유한 물건으로 인생을 채울 수는 없다.

잡다한 물건으로 가득 찬 인생은 피로감만 커질 뿐이다.

엄마의
친환경 살림을
배우다

부모 시대를 되돌아보자. 흠도 많은 시대였지만 이만큼 먹고살 수 있는 세상을 만든 공적 말이다. 그들이 이룬 것을 우리는 낭비하는 세대인지도 모른다고 생각했다. '환경친화적' '공유' '사회적 경제'라는 세련된 이름을 갖다 붙인 사회운동을 벌이고 있지만 그 뒤에서 우리는 일회용품을 남용한다. 음식이라도 넉넉히 만들어 이웃과 나눈 적은 얼마나 되나. 공동체를 이룬다면서 각종 규칙을 만들고 정부 예산을 들여 각종 행사를 열지만, 부모 세대는 이웃과 함께 사는 것만으로도 공동체였다. 가끔은 서로 머리채를 붙들거나 술이 거나하게 취해 싸우는 사람들도 있었지만 언제 그랬느냐는 듯 인절미 한 접시를 나누던 때였다. 친환경 살림은 특히 그랬다. 그들은 편리함에 중독되기보다 그 편리함이 자신과 이웃과 지구에 좋지 않다고, 정제되지 않은 투박한 말투로 촌스럽게 말했다. 그 촌스러움 때문에 자식 세대가 그들의 지혜를 알아채지 못한 것은 아닐까? 적어도 환경 분야에서 인간의 편리함은 단순함보다 복잡한 삶을 만드는 변수임에 틀림없다.

단순한 삶과 편리한 삶 사이

나는 커피를 좋아한다. 아침 출근길에 마시는 커피, 점심을 먹고 나서 나른함이 몰려오는 오후를 깨우는 커피, 회의할 때 목마름을 달래주는 윤활유 같은 커피…. 커피를 자주 마시다 보면 종이컵과 플라스틱 컵을 남용하게 된다. 커피숍에 앉아 마시더라도 무심코 일회용 컵을 사용한다. 주문을 받는 종업원이 "머그컵에 드릴까요?"라고 묻지 않으면 먼저 머그컵을 달라는 일이 거의 없다. 머그컵을 깨끗이 씻었을까 의심이 들기도 하고, 마시다가 커피가 남는 경우 종이컵이라면 그냥 들고 나가면 되니 더 편리하다. 커피를 마시면서 냅킨도 듬뿍 집어 든다. 손 씻으러 가기 귀찮아 물티슈를 챙겨 손을 닦는다. 커피를 젓기 위해 스틱도 필요하고 뜨거운 커피를 들어야 하니 컵 홀더도 필수다. 커피 한 잔 마시는 데 얼마나 많은 일회용품을 낭비하는지 모른다.

비단 커피숍뿐만이 아니다. 맞벌이 부부에게 일회용품은 필수품이다. 주말이 지나면 재활용 쓰레기통이 가득 찬다. 밥하기 귀찮아 사다 먹은 반찬이 담긴 일회용 찬 통, 배달 음식을 먹고 남은 일회용 그릇, 맥주 한

잔하고 버린 캔, 쇼핑의 흔적으로 남은 쇼핑백과 포장 비닐 등 일회용품이 산더미같이 쌓인다.

후다닥 해치워야 하는 설거지와 청소 역시 일회용품의 도움을 받는다. 빨아 쓰기 귀찮다는 이유로 일회용 행주와 걸레를 사용한다. 살균 세제로 적신 세정 티슈 역시 빠른 청소에 보탬이 된다. 화장실 욕조나 변기를 쓱쓱 닦아내면 되니까. 프라이팬의 기름때를 닦기 귀찮을 때면 큰 통에 세제를 팍팍 풀고 프라이팬을 담가 펄펄 끓인다. 물도 오염되고 가스도 낭비다.

모두 편리 때문이다. 종이컵을 만드는 종이를 생산하기 위해 나무가 사라지고, 플라스틱 컵이나 빨대를 만들기 위해 석유 소비가 늘어난다. 게다가 땅에 묻어도 썩지 않는 물질이 늘어난다. 나의 편리는 지구의 불편이다. 단순한 삶과 편리한 삶은 양립하기 어렵다.

엄마의 살림은 어땠을까. 구닥다리 살림이었다. 일회용품을 거의 쓰지 않았다. 귀찮아서 나무젓가락으로 라면을 먹고 있으면, 왜 멀쩡한 젓가락 놔두고 몸에도 좋지 않은 일회용을 쓰느냐며 타박을 했다. 엄마 집에 가면 사용하지 않은 나무젓가락과 빨대가 가득 쌓여 있다. 어쩌다 생긴 일회용 찬 통은 차곡차곡 쌓아두고 재활용한다.

행주는 깨끗이 빨아 햇볕에 바짝 말려 쓴다. 두 겹인 티슈는 한 겹만 쓴다. 휴지를 아껴 쓰라는 엄마의 잔소리가 어찌나 집요했던지 결혼하고 나서 티슈를 팡팡 뽑아 쓰고 휙 던지고 나면 카타르시스를 느꼈을 정도다.

나의 편리는 지구의 불편이다.

단순한 삶과 편리한 삶은 양립하기 어렵다.

어릴 적 마당 한구석에 키우던 수세미도 떠오른다. 엄마표 살림의 상징이었다. 잘 익은 수세미를 꼭 짜내 얻은 수액을 우리 자매 얼굴에 발라주면 자연 팩이 되었다. 10분쯤 바르고 있다가 세수를 하고 나면 피부가 얼마나 보송보송해지던지. 그리고 그물 모양의 수세미를 바싹 말리면 설거지용 수세미가 되었다. 기름이 잔뜩 묻은 프라이팬은 휴지로 살살 닦아내고 소주를 조금 부어 씻어낸 뒤 설거지하면 말끔해지곤 했다. 자연산 수세미는 그릇에 상처를 내지 않으면서도 깨끗이 설거지가 되었다. 자주자주 갈아 사용하니 위생적이고 쓰다가 버려도 땅에 아무런 해를 입히지 않았다.

엄마는 늘 장바구니를 들고 다녔다. 비닐봉지는 차곡차곡 모아뒀다가 재활용했다. 일회용 봉투를 사는 20원, 50원이 전혀 아깝지 않고 지저분한 봉투가 보기 싫어 바로바로 갖다 버리던 나로서는 엄마가 편리함을 거부하고 일부러 힘들게 사는 것처럼 보였다.

나는 스트레스를 받으면 샤워를 하는 습관이 있다. 뜨거운 물을 한참 온몸에 맞고 나면 나쁘고 우울한 기분도 함께 떠내려가는 듯해서다. 이런 나를 보면 엄마는 혀를 끌끌 차곤 했다. 물을 정수하는 데 얼마나 많은 물이 필요한지 아느냐면서. 엄마는 물을 함부로 버리지 않았다. 과일 씻은 물에 초벌 설거지를 하고 세수한 물로 마당 청소를 했다.

엄마는 덜 썼다. 아껴 썼다. 엄마의 살림에는 절대 낭비가 없었다. 궁상맞아 보이던 살림법이 사실은 미래를 위한, 보다 선진적인 살림법이었다는 것을 요즘에 깨닫는다. 모든 물건을 재활용하고 엄마가 버린 쓰레기는 땅으로 돌아가면 쉽게 썩었다.

불편을 불평하지 않기

경제학자들은 편리한 삶과 불편한 삶에 들어가는 비용을 이렇게 계산한다. 서울 광화문에서 강남까지 걸어가면 5시간 정도 걸린다고 치자. 5시간의 노동력보다 자전거 페달을 밟는 노동력이 적게 걸릴 것이고, 차를 운전하고 가는 것은 더욱 적은 힘이 들 것이다. 하지만 5시간 걸어가는 데는 내 몸만 있으면 된다. 자전거를 타려면 자전거를 만드는 데 드는 노동력도 필요하다. 차를 운전하려면 더 복잡한 기계인 차를 만드는 노동력과 휘발유를 파내는 노동력이 필요하다. 나중에는 오염된 공기를 정화시킬 노동력도 필요해질지 모른다. 개인적으로는 자동차가 가장 편리하고 효율적이지만 지구 입장에서는 가장 비용이 큰 수단이다.

쇠 젓가락을 쓰면 매번 설거지를 하는 노동력이 필요하지만 나무젓가락에는 나무를 잘라내고 가공하는 노동력까지 포함되어 있다. '나만의 세상'이 아니라 '세상 속의 나'를 고민해야 하는 이유다.

전 세계적으로 에코맘eco-mom이 대세다. '에코맘'은 경제economy와 생태ecology의 접두어 에코eco에 엄마mom라는 단어를 붙인 신조어다. 일회용품 안 쓰기, 전기 아껴 쓰기 등 잠깐의 편리함 때문에 실천하지 않았던 작은 활동을 하는 엄마들을 이르는 말이다. '지구를 지키는 일은 집에서

부터Saving Earth Begins at Home'라는 슬로건 아래 생활 속 환경 운동을 벌이고 있다.

어쩌면 우리 엄마는 에코맘의 원조쯤 될 것 같다. 문명이 진보하면서 발전해온 사상이지만 엄마는 본능적으로 알고 있었다. 플라스틱의 편리함만을 강조하던 시대에도 엄마는 플라스틱 그릇 냄새만 맡고도 몸에 해롭다는 것을 알아챘다. 비닐봉지는 썩지 않는 데다 태운 연기를 마시면 머리가 아프다며 쓰지 않는 것이 좋겠다고 말했다. 엄마의 불편한 삶은 자연을 거스르지 않는 단순한 삶이었다.

사실 나는 아직도 에코맘이 아니다. 그저 조금 불편하게 사는 연습으로 '몸의 불편은 삶은 단순하게 만든다'는 경험을 했고, 엄마의 살림법을 다시 바라보게 된 정도다. 그동안 번거로운 노동을 자처하며 스스로의 삶을 힘들게 하는 것으로 보였던 엄마의 살림법은 일회용품을 발명하기 위해, 만들기 위해, 버리기 위해 에너지를 낭비하지 않는 단순하지만 현명한 살림법이었다. 알고 보니 엄마와 가족과 이웃과 그리고 환경까지도 보호하는 것이었다.

일회용을 쓰지 않는 것은 불편하다. 하지만 불편을 불평하지 않고 편리를 멀리해보려고 한다. 최소한의 물건만 가지고 살아보자. 쉽게 쓰고 버리는 일회용품 대신 꼭 필요한 물건, 기본에 충실한 물건을 아껴 써보자. 집에서 각종 일회용품만 치워도 집이 한결 깨끗해진 것을 느끼게 된다. 쉽게 망가지지 않으니 자주 물건을 사지 않아도 된다. 플라스틱 반찬통 대신 유리 반찬 통을 쓰면 수년간 반찬 통을 자주 살 일은 없을 것이

쇠 젓가락을 쓰면

매번 설거지를 하는 노동력이 필요하지만

나무젓가락에는 나무를 잘라내고 가공하는 노동력까지 포함되어 있다.

'나만의 세상'이 아니라 '세상 속의 나'를 고민해야 하는 이유다.

다. 플라스틱 국자 대신 스테인리스나 실리콘 국자를 사도 마찬가지다. 길들이는 데 시간이 걸리지만 코팅된 프라이팬보다 스테인리스 프라이팬이 더 오래 쓸 수 있다. 베이킹 소다에 한 번 삶으면 마치 새것같이 깨끗해진다. 사실 엄마처럼 살림하기에는 아직 갈 길이 먼 나의 경우 일회용품을 포기하기가 쉽지는 않다. 다만 이제 작은 불편은 참아낼 수 있을 만큼 몸이 길들여졌기에 노력해볼 참이다. 일회용품이 자취를 감춘 우리 집을 상상하는 것만으로도 일상의 번잡함을 지워버린 듯 상쾌한 기분이 든다.

하루에 얼마나 많은 일회용품을 쓰는지 적어보았다. 그 결과 무심코 일회용품을 쓰는 일이 많다는 것을 깨달았다. 일회용품을 완전히 추방하기는 어렵지만 사용을 줄이는 것만으로도 환경을 살리고 에너지 낭비를 줄일 수 있다. 커피는 되도록 텀블러에 먹으려고 한다. 설거지를 해야 하는 귀찮음이 따르지만 커피를 따뜻하거나 차갑게 더 오래 유지할 수 있고, 누군가와 부딪혀 흘릴 걱정도 줄어들었다.

배달 음식을 최소화하기로 한 결심은 야식을 줄여주었다. 당연히 건강에도 도움을 주었다. 일회용 젓가락과 플라스틱 수저 그리고 스티로폼 그릇도 줄이고, 배달 오토바이의 매연과 곡예 질주도 막을 수 있다. 일회용품을 가장 많이 사용하는 패스트푸드도 최소화했다. 플라스틱 컵과 빨대, 포장지를 줄이기 위한 것인데 대신 제철 채소와 과일 소비가 늘어났다. 몸에 좋다는 생각에 몸이 가벼워지고 기분까지 상쾌해진다.

가장 큰 변화는 에너지 절약이다. 사실 에너지의 총량은 변하지 않는다. 내가 더 많은 에너지를 쓰면 다른 누군가는 에너지를 적게 써야 한다. 에너지의 빈부 격차가 심화되지 않도록 나눠 쓰는 노력이 필요하다. 부모들이 가르쳤던 것처럼 안 쓰는 전등을 끄고, 전자 제품의 코드를 빼놓는 것만으로도 단순한 삶에 동참하는 것이다. 내가 찾은 작은 실천법을 소개하자면, 셋톱박스 플러그를 뽑아놓으면 TV 플러그를 뽑아놓는 것의 10배를 절약할 수 있다.

우리나라 국민 모두가 겨울철 실내 온도를 1도씩 내리면 7167만 명의 아프리카 아이들에게 영양실조 치료식을 줄 수 있다. 사용하지 않는 코드를 뽑아놓으면 암흑 속에서 살아가는 17억 명에게 빛을 선물할 수 있다. 한 사람이 하루 동안 사용하는 물의 양은 물이 부족한 나라의 아이가 37일 동안 사용할 수 있는 양이다. 직장에서 A4 용지 1만 장을 아끼면 30년생 원목 한 그루를 살릴 수 있다. 승용차 요일제에 참여하면 아프리카에 연간 16마리의 염소를 선물할 수 있다. 우리 몸을 조금 불편하게 해서 아낀 에너지는 다른 누군가, 혹은 우리 후손이 누리게 될 것이다.

걱정
덜어내기

1년 정도 회사에서 인턴을 채용하고 교육하는 업무를 담당했다. 인턴 제도는 기자 지망생이 미리 기자 업무를 체험해보고, 회사는 좋은 인재를 찾을 수 있는 기회다. 6주 동안 교육 기간이 끝나면 인턴들과 1박 2일 워크숍을 떠난다. 그동안 인턴들의 활동을 평가하고, 인턴들은 선배 기자들과 대화를 하는 시간이다.

"아이를 키우면서 일하려면 힘들지 않을까요?"

"기자들은 밤낮이 없는데 결혼 생활을 유지할 수 있나요?"

"남자 기자들보다 체력이 떨어지면 불리하지 않나요?"

이런 질문을 받으면 지난 경험을 구체적으로 들려주었다. 아무리 바빠도 연애는 할 수 있고, 기사는 체력으로 쓰는 게 아니며, 육아는 가족의 도움을 받을 수 있다고. 그리고 이렇게 덧붙였다.

"그러니까 너는 할 수 있어!"

하지만 실질적으로 도움이 되는 것 같지 않았다. 인턴들은 여전히 미래에 대해 불안해했다. 오히려 나는 기자라는 직업을 선택했을 때 업무 강도, 연봉, 직무 내용 등에 대해 자세히 알지 못해서 과감히 도전할 수 있었던 것 같다. 직업에 대해 아무것도 모른 채 선택하는 것도 무모하지만, 지나치게 자세히 아는 것도 도전을 두려워하게 만드는 것 같았다. 세상에 완벽한 직업은 없지 않은가.

어느 날 '테드TED'에서 페이스북의 최고운영책임자COO 셰릴 샌드버그Sheryl Sandberg의 강연을 듣게 됐다. 오피스 룩을 세련되게 갖춰 입은 샌드버그 역시 "엄마 가지 마"라며 다리를 붙잡고 늘어지는 3살 난 아이를 보며 갈등한다고 고백했다. 샌드버그의 충고는 세 가지다. 일단 책상에 앉아라. 그리고 동료를 진짜 동료로 만들어라. 그만둬야 하기 전에는 그만두지 마라.

이 중 '그만두기 전에 그만두지 마라'는 일에 헌신하지 못할까 봐 고민하는 여성들을 위한 조언이다. 아직 남자친구도 생기지 않았는데 아이를 가지면 조직에서 밀려날까 봐 걱정하면서 미리 쉬운 일만 찾아다니는 경우가 있다. 양육 때문에 일에 지장을 받기 전부터 뒤로 물러선다면 남들과 비교해 경력에서 손해를 보게 되고 지속적으로 한직에 머물 수밖에 없다.

내일 일은 내일 걱정해도 된다

샌드버그의 강연을 들은 다음부터 예비 기자들에게 '기자가 된 다음 걱정해도 늦지 않다'고 답해준다. 미리 걱정해봤자 아무 쓸모가 없다는 사실을 우리는 종종 잊곤 한다. 하고 싶은 일이 무엇인지 거기에만 집중하면 된다. 내일 일은 내일 걱정해도 된다.

걱정 덜어내기는 삶을 단순하게 만드는 효과적인 방법이다. 일어나지도 않은 일을 미리 걱정하면서 얼마나 많은 시간을 낭비했는지 스스로 돌아보자.

아이를 키울 때도 그랬다. 첫아이 초등학교 입학을 앞두고 엄청난 불안감에 휩싸였다. 아직 한글 맞춤법을 깨치지 못했는데 학교 수업을 못 따라가면 어쩌지, 순한 아이인데 괜히 맞고라도 오면 어쩌지, 이렇게. 내 머릿속에서만 일어나는 일들을 미리 걱정하면서 아이를 윽박지르거나, 친구가 괴롭히면 "그만둬"라고 크게 외치도록 연습시키며 아이를 지나치게 보호하기도 했다.

1년 정도 시간이 지나고 보니 아이를 믿어주면 자연스럽게 해결될 문제였다. 아이가 받아쓰기 시험 점수가 낮은 날은 씩씩거리면서 다음 시험 준비를 했다. 툭툭 치고 지나가던 아이들에게 당하기만 하던 아이가 어느 날 크게 소리치며 화를 냈다고 한다. 아이가 넘어질까 봐 미리 걱정하는 것이 아이를 망치는 길일 수도 있겠다고 생각했다. 그것을 깨닫자

격정 덜어내기는

삶을 단순하게 만드는 효과적인 방법이다.

일어나지도 않은 일을 미리 걱정하면서

얼마나 많은 시간을 낭비했는지

<u>스스로</u> 돌아보자.

조금 느긋해질 수 있었다.

주위를 둘러보면 쓸데없는 걱정으로 인생을 복잡하게 만드는 경우가 많다. 기자는 크게 편집기자와 취재기자로 나뉜다. 취재를 하고 기사를 쓰는 이가 취재기자이고, 기사를 신문에 배치하고 제목을 만드는 이가 편집기자다. 같은 기자이지만 업무는 크게 다르다. 취재기자는 현장을 직접 뛰어야 하기 때문에 몸이 더 피곤하다고 생각하고, 편집기자는 신문이 인쇄되기 전 최종 단계에 관여하기 때문에 머리가 더 피곤한 것으로 여긴다.

입사할 때부터 둘 중 하나를 택하게 되지만 취재기자를 하고 싶은 편집기자나 편집기자를 하고 싶은 취재기자가 나오기 마련이다. 최근 신문과 방송의 겸영이 늘어나면서 신문기자가 방송기자가 되고 싶어 하기도, 방송기자가 신문기자가 되고 싶어 하기도 한다. 서로의 영역이 크게 다르다 보니 잘할 수 있을까 하는 두려움이 가장 크다. 종종 이런 문제를 상담하는 후배들이 있다.

물론 처음에는 다른 영역에서 적응을 못하거나 일을 못할 수 있다. 하지만 결심만 확고하다면 수년 후에 훌륭한 기자로 성장할 수 있다. 실제로 그런 모습을 수없이 봤다. '다른 영역의 일에 진심으로 도전하고 싶은가'에 대한 답을 먼저 찾는 것이 중요하다.

모두가 나를 보고 있다고 생각하지 말자

다른 사람의 시선을 의식한 걱정은 더욱 쓸데없다. '회사의 중요 프로젝트를 내가 하겠다고 하면 어떻게 생각할까' '상사에게 건방진 말을 한 것은 아닐까' '이번 실수로 나를 평가하지 않을까'. 미리 상대의 마음을 예단해서 걱정할 필요도 없고, 나의 잣대로 상대의 마음을 읽어봤자 딱 들어맞을 리 없다.

이에 대한 대답은 버트런드 러셀이 《행복의 정복》(사회평론, 2005)에서 명쾌하게 설명한 바 있다. '모두가 나를 보고 있다'고 생각하지 말라는 것이다.

당신의 장점을 과대평가하지 마라. 다른 사람들이 당신에 대해 당신과 마찬가지로 관심을 가지고 있다고 상상하지 마라. 대부분의 사람들이 당신을 해코지하고 싶은 생각을 가질 만큼 당신에 대해 골몰하고 있다고 상상하지 마라.

어떤 경우는 내가 통제할 수 없는 상황을 걱정하기도 한다. 7급 공무원부터 시작한 김 모 씨는 집안 형편 때문에 대학을 못 다닌 것이 상처로 남아 있었다. 그는 직장을 다니면서 대학을 졸업했지만 고졸로 입사한 경력 때문에 회사에서 뒤처질까 늘 노심초사했다. 대학을 나오고도 능력이 없는 사람들에 비해 분명 업무 능력이 뛰어났지만 그는 자신 없어

보일 때가 많았다.

지난 과거를 돌이킬 방법은 없다. 돌이킬 수 없는 것에 대한 걱정이라면 안 하는 편이 낫다. 김 모 씨는 주위에서 승진 소식이 들릴 때마다 스스로 위축이 됐다. 이 경우 걱정의 정체를 파악하는 것이 중요한 듯했다. 그에게 들은 걱정의 정체는 대학도 못 가고 아르바이트를 하면서 가족을 먹여 살려야 했던 힘든 시절에 대한 슬픔인 것 같았다. 그의 걱정의 속살은 과거에 대한 슬픔이나 아픔이었던 셈이다.

많은 이들이 아버지의 임종을 지키지 못한 24살, 가정 형편 때문에 유학을 떠나지 못한 25살, 무던히 노력하고도 원하는 직장을 얻지 못한 28살 등의 아픔을 갖고 있다. 과거를 직시하고 받아들이는 것은 고통스럽지만 결국은 나의 선택이었음을 인정해야만 한다. 그래야 마음의 그늘에서 근심이 자라나지 않는다. 과거를 떠나보내야 미래에 나쁜 영향을 미치는 것을 막을 수 있다.

선택의 기로에서 하는 걱정 역시 실질적으로 정체를 파악할 필요가 있다. 정체가 불확실한 걱정은 실제보다 크게 느껴질 수 있고, 걱정을 덜어내는 구체적인 방법을 찾기도 어렵다.

내가 처음 도전한 방법은 대차대조표를 쓰는 것이었다. 이 방법으로 추상적인 걱정을 구체적으로 분석할 수 있었다. 예를 들어 집을 늘려 이사를 해야 하는지에 대한 고민이 생겼다. 집을 늘려야 하는 이유는 '아이가 크면서 공부할 공간이 필요하다' '집이 좁아 답답하다' '집값이 더 오를 수도 있다' '집을 넓힐 만한 나이가 됐다' 등이었다. 집을 늘릴 필요가

정체가 불확실한 걱정은 실제보다 크게 느껴질 수 있고,

걱정을 덜어내는 구체적인 방법을 찾기도 어렵다.

없는 이유는 '쓸모없는 물건을 그때그때 과감히 버리면 더 큰 집이 필요 없다' '집값이 떨어질 가능성도 있다' '이자 비용으로 아이 공부에 더 투자할 수 있다' 등이었다. 이런 이유는 머리로 생각은 하지만 눈에 보이지 않기 때문에 손익을 따지기 쉽지 않다. 꼼꼼히 대차대조표를 만들고 나니 결국 최소한 3년간은 집을 옮길 필요가 없다는 결론이 나왔다. 물론 주택 담보 대출 이자율이나 옮길 수 있는 집을 조사하는 것도 병행했다. 3주 정도 고민한 끝에 결론을 내렸고 몇 주간 가장 큰 비중을 차지하던 걱정이 사라졌다. 물론 걱정을 미뤄둔 시간은 3년이지만 그때 다시 걱정하면 될 일이다.

직장을 옮기는 문제도 마찬가지다. 연봉, 여유 시간, 노동 강도, 동료들과의 친밀도, 업무 특성, 장래성 등을 두고 구체적으로 대차대조표를 써보면 추상적인 걱정을 좀 더 덜어낼 수 있고, 좀 더 후회 없는 결정을 내릴 수 있다.

걱정을 덜어내고 덜어내도 사라지지 않는다면, 마지막으로 모든 고민을 잠재우는 최고의 수단은 '잠'이라고 생각한다. 대부분 바꿀 수 없는 것에 대해 고민하고 번민한다는 점에서 잠은 그 순간을 보내는 최고의 보약이다. 한잠 늘어지게 자고 난 뒤 맑은 정신과 상쾌한 몸으로 시차를 두고 다시 고민하면 별 문제 아닌 것이 많다. 잠투정과 짜증은 아이에게만 있는 것이 아니다. 고민을 하는 것이 효과가 있을 때만 고민하고, 고민을 해도 효과가 없을 때는 잠을 잔다. 이것이 삶을 단순하게 만드는 나의 걱정 덜어내기 방법이다.

딴짓의
위대함

사람들은 어린 시절부터 단조로운 삶(인생을 풍요롭게 하는 권태)을 견디는 능력을 길러야 한다. 요즘 부모들은 아이들에게 영화 구경이나 맛있는 음식 같은 수동적인 오락거리를 너무 많이 제공하고 있다. 부모들은 특별한 때를 제외하고는 날마다 비슷한 생활을 하는 것이 아이에게 얼마나 중요한지 깨닫지 못하고 있다. 어린아이는 주로 자신의 노력과 창조력에 의지해서 스스로 환경으로부터 즐거움을 찾아야 한다.

《행복의 정복》에 나오는 내용이다. 고전을 통해 얻은 지혜를 1년간 현실에 적용하는 실험을 하기로 한 뒤 가장 힘든 부분은 의외로 취미를 갖는 것이었다. 습관처럼 인터넷에 '취미'라는 단어를 쳐보니 취미를 추천해달라는 요청 글이 수천 건은 검색되었다. 사람들은 가죽 공예, 사교댄

스, 자전거 수리, 오디오 수집, 음반 수집, 그림 그리기, 곤충 기르기 등 수많은 취미를 추천하지만 질문자들은 만족하지 못한 듯하다. 취미가 있는 이에게는 간단한 일이건만 취미가 없는 이에게는 자신에게 맞는 취미를 찾는 일이 험난한 여정이다.

러셀은《행복의 정복》에서 취미를 갖고 사소한 일에 집중하는 것은 경쟁에서 꽤 긴 시간 눈을 돌리게 하고 자신의 일에 더욱 열정을 갖게 한다고 했다. 러셀은 행복을 위한 또 하나의 중요한 열쇠로 열정을 꼽았으니 취미는 행복을 위한 중요한 조건인 셈이다. 이에 충분히 동의한다. 워커홀릭의 가능성이 있는 많은 직장인들은 억지로라도 딴짓을 해야 한다. 일은 억지로라도 떼어내지 않으면 들러붙어 뇌를 점령하기 일쑤다. 집에 들어와 샤워할 때도, 잠자리에 누워서도 내일 쓸 기사가 뭐 없을까 고민하는 나 같은 기자나, 오늘 상사에게 혼난 일을 마음 깊이 담아두는 직장인, 좀 더 돈을 잘 벌 방법이 없나 고민하는 사장도 마찬가지다. 하루 종일 일만 생각하는 습관은 처음에는 좋은 아이디어를 얻는 즐거운 과정으로 시작하지만 나중에는 스스로를 잡아먹는 피곤함에서 벗어나지 못하게 만든다. 일에 빠지는 것도 과유불급(過猶不及)이다.

…

취미를 즐기기에 너무 바쁜 우리의 일상

러셀은 취미를 다른 말로 '단조로운 삶을 견디는 능력'이라고 설명했

러셀은 《행복의 정복》에서 취미를 갖고
사소한 일에 집중하는 것은
경쟁에서 꽤 긴 시간 눈을 돌리게 하고
자신의 일에 더욱 열정을 갖게 한다고 했다.

다. 요리나 TV, 게임 같은 수동적인 자극이 아니라 권태로움을 견디고
나아가 즐기는 능력이 어릴 때부터 필요하다고 했다. 책을 읽거나 명상
을 하는 등 스스로 즐거움을 찾는 행동을 말하는 것으로 보인다. 그는 자
신의 취미에 대해 "나는 강을 수집한다"라고 표현했다. 미시시피 강이나
양쯔 강 등을 배를 타고 오르내리는 것인데 아마도 강의 많은 풍경을 머
리에 담아두는 것을 뜻하는 것이 아닌가 싶다.

나 역시 복잡한 일에서 벗어나 단조로운 나만의 시간으로 이끄는 취
미를 찾아야 했다. 일을 완전히 잊고 나만의 시간을 가질 수 있는 취미를
찾기란 생각보다 어려웠다. 사실 별다른 잡기도 없고, 어릴 때부터 꾸준
히 연마한 분야도 없는 것이 원인일지 모른다.

휴직을 하고 미국에서 생활할 때는 테니스를 배웠다. 아파트마다 무
료 테니스장이 있는데 직장인들이 주중 오전에는 이용할 수 없으니 하
루 종일 딱히 할 일 없는 우리 가족 차지였다. 여름철에는 아파트 안에
있는 수영장에 매주 세 번 이상 갔다. 골프도 치고 쇼핑도 매주 3일 이상
은 한 것 같다. 한 달이면 한두 번 여행도 갔다. 매주 한 번씩은 저녁이면
이웃과의 파티에 참석했다. 마흔 무렵 헛헛한 삶을 채워보겠다며 고전
을 읽었다. 온갖 취미로 둘러싸여 있던 셈이다. 하지만 이 많은 것 중 진
짜 취미로 발전시킨 것은 없다. 어쩌면 현업이 없었기 때문에 별다른 취
미도 필요 없었는지 모른다. 오히려 취미가 주된 업무였다.

한국에 오자 테니스는 시간을 맞추기 힘들었다. 동호회에 들어가는
것도 상당한 끈기와 노력이 필요했다. 모르는 사람들을 만나 시원치 않

은 실력에 대한 평판을 들어야 했을 것이다. 어떤 동호회는 실력 때문에 탈락도 시키는데 즐길 엄두가 나지 않았다. 게으름 탓인지도 모르지만 내게 맞는 동호회를 찾는 것도 상당한 에너지가 필요했다.

아침 일찍 나갔다가 밤늦게 들어오는 날이 많고 술에 지치는 일도 많으니 수영은 호사가 되었다. 골프는 주말에 가족과 함께하는 시간을 희생해야 해서 탈락이고, 쇼핑은 취미라기보다 먹고살기 위한 필수 행위에 가까웠다. 점심을 간단히 먹고 필라테스를 하기로 하고 몇 달간 강행했지만 점심 약속이 늘면서 못 가는 경우가 다반사였다. 혹자는 의지박약이라고 평가하기도 했는데 틀린 말은 아니다. 하지만 기자라는 직업이 예상치 못한 시간에 예상치 못한 사건을 자주 만나게 된다는 것이 변명이라면 변명일 것이다.

언제 어디서나 컴퓨터를 가지고 있는 직업의 특성상 블로그를 하나 꾸려보았다. 기사와 상관없는 글을 올리면 좋은 취미가 되지 않을까 했는데 일의 연속이 되었다. 취재 뒤에 숨어 있는 이야기 말고 쓸 글이 별로 없었다. 여행에 대한 글을 써도 출장을 다녀온 것이 토대가 되었다. 방문자 수에 신경이 쓰이니 곧바로 취미가 아니라 또 다른 일이 되었다. 어떤 종류의 글이든 기사 쓰는 게 주업인 나에게 글 쓰는 것이 취미가 되기는 힘들어 보였다.

이쯤 되니 권태로운 삶을 견디는 연습은커녕 권태로울 시간이 없는 것이 문제로 보였다. 취미를 즐길 수 있는 일정한 시간도 없을뿐더러 취미라고 이름 붙일 수 있는 것들은 많은 시간과 수고가 필요했다. 그런데 재미있는 것은 짬짬이 TV 볼 시간은 있더라는 것이다. 집에 있는 시간이 불규칙하고 늘 지쳐 있으니 그저 쳐다보면 그만인 TV는 문제가 되지 않는 듯했다.

하지만 TV를 보는 것도 상당한 에너지가 소모된다는 것을 알게 되었다. 수동적으로 신호를 받아들이는 것도 예측치 못한 자극에 대한 생각을 필요로 했다. 가끔은 수영복 같은 옷을 입고 나온 미성년자 가수에게 눈살을 찌푸리고, 편안히 쉴 시간에 예상치 못한 살인 사건의 분석 프로그램을 보며 원치 않은 잔인한 자극을 받아들이기도 했다. 또한 오랜 시간 계속되는 불빛의 자극에 잠을 쉽게 이루지 못하는 것도 문제였다. TV 보기는 온전한 휴식이 되지 못했다는 의미다.

TV 시청 외에 다른 취미가 절실히 필요했다. 무거운 머리를 식히기 위해서도 일에서 멀어져 딴짓을 해야 했다. 같은 사건을 두고 100명이 넘는 기자와 경쟁해 바로 다음 날 결과물을 내놓으려면 1시간 먼저 움직이고 2시간 늦게 퇴근하는 것은 어쩔 수 없는 일이다. 거의 매일 이어지는 저녁 술자리를 지겨워하면서도 한동안 누가 찾아주지 않으면 인간관계를 제대로 하는 게 맞는지 걱정한다. 기사로 쓰는 것이 아니라도 취재처의 정보를 알지 못한다는 것을 깨닫게라도 되면 만나는 사람의 숫자를 배로 늘린다. 사람을 만나는 것이 아니라 정보를 가진 자리와 직함을 만난다. 일을 바꿀 수 없다면 스트레스를 줄일 무언가가 절실했다.

몰입할 수 있는 딴짓이 필요하다

그러다 출장차 미얀마에 간 적이 있다. 금으로 장식한 5층 높이의 거대한 탑이 눈에 들어왔다. 수없는 사람들이 탑을 찾아와 기도했다. 금박은 세월이 지나면 탑에서 떨어질 터였다. 스님들이 떨어진 금박을 줍는 일을 한다고 했다. 그들이 아무리 금박을 주워도 세월이 지나 떨어지는 자리를 모두 메울 수는 없다. 그 빈자리는 신도들의 시주로 메운다. 미얀마는 불교가 국교이니 신도가 아니라 국민들이 메운다고 할 수 있다. 그런데 탑에 금박을 붙이려는 사람들이 줄을 이어 기회를 얻으려면 거의 4년을 대기해야 한다. 이들은 금박을 붙이면 내세에는 행복한 삶을 산다고 믿었다. 그래서 자신의 3개월 치 월급을 아낌없이 금박을 붙이는 데 썼다.

처음에는 이런 모습이 답답하게 느껴졌다. 마치 이 행동 하나 때문에 군부 독재가 장기간 유지될 수 있었던 것처럼 보였다. 아무리 압박을 받고 힘들어도, 불공평해도, 내세의 행복을 위해 참는 사람들에게 민주화는 먼 얘기로 보였다. 한 미얀마인은 군부의 수장이 나쁜 꿈을 꿨다는 이유만으로 비행기로 2시간 거리에 새로운 수도를 건설했다고 말했다. 이 말이 사실이든 아니든 미얀마 국민들은 정부에 대한 불신이 큰 셈이다.

이 나라의 전기 보급률은 24% 정도다. 도시만 벗어나면 집집마다 발전기를 돌려야 불을 켤 수 있다. 각종 다리와 공항은 다른 나라에서 저리로 대여해 짓는다. 픽업트럭의 뒤를 개조해 버스로 이용한다. 대부분 노동자의 한 달 임금은 5만 원 선이다.

하지만 이 나라의 행복도는 우리나라보다 높다. 불교의 위대함을 이야기하려는 것이 아니다. 모든 이의 생활양식은 각자의 기준이 있으며 서로 이해할 수 없을지 모른다는 뜻이다. 내 기준으로 윤회를 믿으며 현세를 참아내는 그들이 답답해 보일 수 있지만 그들은 현재에 대한 불만이 가득해 개발에 집착하는 선진국들이 이상할지 모른다. 미얀마의 고위 관료는 저리 자금이라 해도 모든 선진국의 개발 자금을 받는 것이 아니라고 얘기했다. 미얀마가 개발이 절실한 국가라고 생각하겠지만 이는 선진국의 시각일 뿐이며, 그들은 무분별한 개발을 하지 않겠다고 선을 그었다.

히말라야의 정상들을 등반한 한 산악인에게 왜 등반가의 짐을 대신 지고 밥을 해주는 셰르파는 거의 이름을 남기지 못하느냐고 물은 적이 있었다. 수없이 정상을 함께 밟을 수 있는 능력이 있다는 점에서 그들이 오히려 진짜 대단한 등반가가 아니냐는 의미였다. 그는 네팔의 셰르파들은 정상 정복에는 전혀 관심이 없다고 했다. 그들은 수미산(카일라스산) 둘레를 108번 돌아 내세에 해탈하는 것을 최고의 가치로 여긴다고 했다. 정상 정복은 서구 사회의 가치일 뿐이라는 것이다.

취미를 만들기 위해 강박관념을 갖는 것이 오히려 스트레스일 수 있겠다는 생각이 들었다. 러셀이 말한 것처럼 '강을 수집하는 일'과 같이 자연스럽게 형성되는 무언가를 기다리면 될 터였다. 잘못하면 취미가 휴식이 아닌 새로운 노동이 될지 모른다는 생각이 들었다. 드럼을 치는 것이 재미있는 이에게는 드럼 연주가 최고의 휴식일 것이다. 자전거를 즐기는 이에게 수백만 원의 자전거 가격은 전혀 아깝지 않을 것이다. 사진을 취미로 하는 이는 전국 방방곡곡을 돌아다니는 고생이 좋은 사진 한 장으로 인해 최고의 여행으로 남을 것이다. 혹여 공기놀이가 취미일 수도 있고 TV 비평하기가 취미일 수도 있다. 그렇다면 취미가 없는 이는 '없는 취미'를 즐겨야 마땅하다는 결론을 내렸다.

취미가 꼭 한 가지 유형일 필요도 없다. 시간과 장소에 따라 골라잡으면 될 것이다. 부부가 함께 대로를 걸으며 얘기 나누는 시간이 오늘의 취미라면 내일의 취미는 산속으로 떠나는 여행일 수 있다. 모레의 취미는 영화 한 편일 수 있고 그다음 날의 취미는 아이와 함께 만드는 요리일 수도 있다.

중요한 것은 하나의 취미를 갖는 것이 아니고 의식적으로 열중할 수 있는 딴짓이 있으면 그만인 셈이다. 이런 생각이 정리된 이후 내가 가장 많이 즐긴 취미는 걷기였다. 밤 11시가 넘은 시간에도 차로 옆 인도를 남편과 함께 걷는다. 별 이야기 없이 걸을 때도 있고 우리와 관계없는 일에 대해 불같은 토론을 할 때도 있다.

알고 보면 취미를 갖는 것은 생각의 전환이 필요한 일이다. 매일 일에 찌들어 지내다가 주말이면 만사 제쳐두고 누워서 TV를 보는 이가 있다면 가족과의 주말여행이나 외출은 그에게 크나큰 고생일 것이다. 반면 주말에 가족과 즐거운 시간을 보내는 것을 취미로 삼는 이들도 있다. 5시간씩 막히는 길을 용인하지 못한다면 시내에도 많은 휴식처가 있다.

러셀이 강을 수집하듯 나는 시간을 수집하기로 했다. 혹은 가족의 웃음을 수집하기로 했다. 그렇다고 늘 행복한 사람들로 가득 찬 동화 세계를 바라는 것은 아니다. 행복은 의식적으로 갈구하지 않으면 저절로 찾아오지 않는다는 의미다.

음식 권하는
사회에서
'소식'에 도전하다

단순한 삶을 위한 식습관의 첫걸음으로 많은 사람들이 소식(小食)을 권한다. 소식은 단순한 삶을 넘어 건강한 식습관이다. 박인식 동아대학교 식품영양학과 교수는 자신의 저서 《좋은 음식을 말한다》에서 조선 시대 왕의 평균수명이 47세인데 영조만은 83세까지 장수를 누린 이유를 '소식'으로 설명한다. 통상 왕의 수라상은 기름지지 않고 담백하게 차렸지만 늘 12가지 반찬이 올랐다. 또 하루에 다섯 끼를 먹었다. 하지만 영조는 자신의 음식을 탕평채라 부르며 점심과 야식을 생략해 세 끼로 줄였다. 쌀밥 대신 잡곡밥을 먹고 반찬의 가짓수를 줄였다. 그의 탕평채는 자신이 펼친 탕평책에서 이름을 따온 것인데 건강과의 조화를 우선으로 한 음식이라는 의미였을 것이다.

파키스탄의 히말라야 산맥에 위치한 훈자, 남미 에콰도르의 안데스

산맥 골짜기에 위치한 빌카밤바, 그루지아의 산악 지대 캅카스는 세계 3대 장수마을로 알려져 있다. 이 세 곳에 사는 주민들의 장수 비결 역시 '소식'이다. 먹을 것이 귀한 만큼 이곳 사람들은 소식 습관이 길들여져 있다.

'옛날에는 죽지 않으려고 먹는다 했는데 지금은 죽지 않으려면 많이 먹지 말아야 한다'고 말한다. 소아 비만이나 성인병을 들지 않더라도, 소식은 음식에 들이는 노동력을 줄이고, 잔반을 없애며, 상쾌한 몸과 기분을 유지해준다. 음식이 넘치는 현대 사회에서는 음식 섭취로 기분이 좋아지는 호르몬을 방출시키기 위한 '심리적 허기'와도 싸워야 한다. 축구를 보면 치킨과 맥주가 떠오르기도 하고, 겨울이 되면 뜨거운 오뎅이 떠오르기도 한다. 흔히 이를 음식에 대한 갈망이나 배고픔으로 오인하는데 사실은 광고나 환경, 습관 등으로 학습된 식욕이다.

...

식탐과의 전쟁을 벌이다

남편은 마른 체형이지만 식탐이 많아 배가 나왔다. 그래서 건강검진을 하면 늘 살을 빼야 한다는 경고를 받곤 한다.

남편이 식탐을 버리지 못하는 이유로 환경을 들 수 있다. 물론 의지가 강해서 점심 약속 자리에도 현미밥 도시락을 싸가지고 가서 홀로 먹는 사람이 있다지만, 그만한 의지가 없는 데다 적당한 체면치레도 중요시하는 편이기 때문이다. 새로운 사람을 만나는 일이 많아 점심, 저녁으로 반주는 기본이다.

환경 문제는 미국 생활과 비교하면 확실하게 대비된다. 그 누구도 억지로 만날 필요 없고 사귈 의무가 없던 당시, 점심으로 배가 찰 만한 한 사발의 양배추와 소시지 2개 정도를 먹었다. 아침에는 샌드위치 한 개를 먹고 저녁에만 맘껏 즐겼다. 배가 고플 땐 주로 커피와 크래커 2개 정도로 달랬다. 미국에서 생활한 지 6개월이 지나자 몸무게가 82kg에서 10kg이 빠졌다. 몸의 비둔함이 줄어드는 것과 함께 생각의 속도나 상쾌함 등의 변화가 느껴졌다. 하루 종일 집중한 상태로 업무를 보지 않으니 당분을 과도하게 섭취하는 일도 줄었다.

현업으로 복귀한 지 1년 만에 몸무게는 다시 80kg대를 넘보고 있는데, 지난주의 스케줄을 보면 다음과 같다. 월요일 저녁에는 취재원과 등심을 1인당 2인분씩 구워 먹고 폭탄주를 10잔씩 마셨다. 화요일에는 횟집에 갔고 수요일에도 횟집에 가서 회와 폭탄주를 먹었다. 목요일은 야근을 하기 위해 회사 근처 식당에서 닭볶음탕을 먹으며 소주 반병을 마셨다. 점심에도 매일 약속이 있어 외식을 했다. 식사 장소를 직접 정하지 못하니 웰빙 음식을 고르기는 힘들다. 또 술을 끊는 것은 인간관계를 끊는 것과 같다.

가끔은 매운 음식을 배 터지게 먹는 것이 스트레스를 풀어줄 때도 있다. 폭음을 한 다음 날 숙취에 시달리면서도 숙취가 사라지면 새로운 삶이 시작되는 것과 같은 느낌을 받을 때도 있다. 음식이나 술이나 먹기 시작하면 멈추기가 힘들다. 다른 이들은 계속 먹는데 혼자 수저를 놓는다면 대화가 끊기거나 분위기를 가라앉힐 수 있어서다. 만일 업무적인 관계로 만난 이와의 식사 자리라면 상대방의 편안한 식사의 맥을 끊는 일은 심각한 업무 실패로 이어질 수 있다.

이런 경험은 의지가 박약해 보이는 평범한 직장인에게 흔히 볼 수 있는 일이다. 어쨌든 남편의 도전은 야식을 끊고 아침을 굶는 것으로 시작했다. 하지만 아침을 거르니 공복을 이기기도 힘들거니와 점심을 2배로 먹게 되는 부작용을 겪게 되었다. 오전 내내 업무에 열중하지 못하고 정신이 맑기는커녕 속 쓰림과 싸우는 데 집중하게 되었다. 야식을 끊는 것은 아주 어렵지는 않았는데 아침까지 굶으니 거의 12시간 이상을 버티는 셈이었다. 한 달가량 지속하다가 아침을 거르는 일은 포기했다.

다시 아침을 먹기 시작하고는 점심과 저녁을 줄이기로 했다. 하지만 점심, 저녁 약속이 이어지고 하루 정도 버티더라도 다음 날이면 어김없이 제 양을 넘겨 먹었다. 극단적인 처방은 약속은 저녁을 중심으로 잡고 점심은 구내식당에서 해결하는 것이었다. 홀로 먹는 것도 의도된 해결책 중 하나였다. 고기류와 염분이 많은 것은 적게 먹고 소스 없이 양배추 등 샐러드 한 그릇을 밥 먹기 전에 섭취하기로 했다. 채소를 먼저 먹으면 포만감이 생겨 밥을 적게 먹을 것이라는 계산이었다. 구내식당에서 공개하는 칼로리와 영양 성분을 볼 때 영양은 충분할 터였다. 부풀어 오르던 배가 어느 정도 멈추기 시작했다. 일부러 저녁 약속을 늘리지 않고 기회가 되면 저녁도 구내식당에서 먹었다. 1년간 홀로 세종시 생활을 했기에 가능한 일이었는데 남편은 이를 '구내식당 다이어트'라고 부른다. 여성들에게는 효과가 있을지 잘 모르겠지만 배불뚝이 중년이라면 충분히 적정한 몸무게로 천천히 옮겨갈 수 있는 방법이다.

두 번째 실험은 커피였다. 스트레스 받아서 한 잔, 지인과 얘기 나누며 한 잔 하다 보면 하루에 믹스커피를 5잔 이상 마시곤 했다. 식사 후 전문점 커피라도 마시는 날이면 카페인 과다 섭취가 우려되었다. 믹스커피의 경우 살찌는 데도 크게 작용한다는 의사의 말도 들었다. 술을 자주 하는 터라 역류성 식도염으로 목 상태도 좋지 않았다. 커피뿐 아니라 콜라나 사이다 등 카페인 음료와 탄산음료를 모두 끊기로 했다. 대체재는 물과 주스였다. 업무 때문에 커피를 많이 마셨던지라 걱정했는데 술과 달리 의외로 사회적 저항을 느끼지 못했다. 금단현상 같은 몸의 저항도 크게 없었는데 남편의 경우 커피를 즐긴 게 아니라 그저 대화의 윤활유 역할을 위해 음료가 필요했다는 것도 알게 되었다. 카페인을 덜 섭취하려고 노력한다는 사실을 처음 만나는 이에게도 자연스럽게 말했는데 술을 강요하는 사람은 있어도 커피를 강요하는 사람은 없었다. 또 커피를 끊으면서 물을 더 자주 마시게 된 것도 몸에 좋은 일이었다.

...

소식은 생활 습관과의 싸움

특정한 음식과 단절한 후 남편은 마치 마약처럼 몸이 그 음식을 다시 찾을까 걱정했지만 실제로는 편리함에 길들여진 생활 습관과의 싸움이었다. 라면이 대표적이었다. 라면을 먹지 않기로 결정한 것은 한국소비자원의 실험 때문이었다. 가장 많이 팔리는 12개 라면을 조사한 결과 포화지방은 1일 영양소 기준치의 절반을 넘고 나트륨은 86.5% 수준이었다. 반면 영양소 섭취량은 한 끼 영양소 기준치와 비교해 단백질은 56.3%, 탄수화물 71.6%, 지방 97.6% 수준이었다. 한 끼 식사 대용으로는 부적합하다는 의미다.

하지만 라면은 홀로 있을 때 빠르고 간편한 식품이다. 특히 날씨가 쌀쌀한 밤 뜨거운 국물이 생각날 때 야식으로도 그만이다. 그 뛰어난 편리성 때문에 대체재를 찾기 어려웠다. 라면이 1960~70년대 한국의 저소득층을 기아에서 구했다는 평가는 납득할 만하다. 대체재가 없는 음식에서 벗어나는 일은 생각보다 힘들었다. 결국 집에 사다 놓지 않기로 했다. 없으면 대체재가 나타날 것이라 생각했다. 이후 완벽하지는 않지만 바나나가 대체재가 되었다. 간편하게 허기를 때우는 데 그나마 적합한 식품이었다.

술의 경우 끊기는 불가능하다 여기고 줄이기를 시도했지만 실패했다. 업무상이라는 핑계를 이겨내는 것이 힘들었다. 사실 술을 마시면 침이 많아지고 위액 분비도 늘어나 음식을 더 먹게 되는 경향도 있다. 아예 저녁 약속 자리를 만들지 않아야 했다. 하지만 슬프게도 간경화라도 걸리지 않은 한 술자리를 빠지는 일은 허락되지 않았다.

마지막 도전은 밀가루 음식 끊기였는데 역시 실패했다. 빵을 끊지도 못하고 국수를 줄이지도 못했다. 그나마 성공한 것이라면 아침을 빵에서 밥이나 감자, 고구마 또는 과일로 바꾸었다는 것이다. 특정한 음식을 끊는 것은 의지와 습관으로, 또 대체재를 마련하면 가능하지만 밀가루 음식 같은 대중적인 음식군을 끊는다는 것은 비범한 의지가 필요했다.

실패한 것도 여럿 있지만 몇 가지 도전을 시도한 1년 후 신체검사에서 몸무게 감소보다 놀라운 변화가 있었다. 늘 경고 수준이던 콜레스테롤 수치가 크게 떨어졌고, 혈압이 다소 안정되었으며, 역류성 식도염이 좋아졌다. 꼭 완벽하게 실천하지 못한다 해도 신경 쓰는 것을 다행히 몸이 알아주었다.

사실 식탐과의 전쟁은 단식을 불사하는 이들과 비교할 때 평범해 보인다. 현미밥을 챙겨 먹지도 않았고, 닭 가슴살 도시락을 싸가지고 다닌 것도 아니다. 하지만 이를 굳이 '전쟁'이라고 부르는 건 갑작스러운 결심이 아니라 영구적으로 생활 습관을 바꾸고자 했기 때문이다. 나쁜 식습관 모두를 바꾸려 하지 않고 가능한 몇 가지를 중점적으로 고치기로 전략을 짰고, 가끔 커피 향을 못 이겨 몇 모금 마셨을 때 큰 죄책감을 느끼지 않았다. 먹는 양이 확연히 줄었다는 긍정적인 면에 집중했고, 한두 가지 실패했다고 모든 것을 원점으로 되돌리지도 않았다. 라면 먹을 시간에 먹지 않았다면 최상이지만 과일로 대체했다면 반은 성공한 것이고, 라면을 반만 먹었더라도 20%는 성공한 것이다. 몸과 정신이 그만큼 맑아지기 때문이다.

식탐을 줄이고 소식을 생활화하려는 목적이 수명 연장은 아니다. 질

병이나 수명은 의지와 상관없이 무작위로 골라내는 뽑기와도 같다고 생각된다. 다만, 사는 동안 건강한 몸과 맑은 정신으로 살고자 하는 것이다. 늘 이긴다고 믿는 식탐과의 전쟁은 계속되고 있다.